Ulrich E. Fischer

FORMÍCULING

Ulrich E. Fischer

FORMÍCULING

STARK WERDEN wie eine Ameise

Der Autor hat bei der Erstellung dieses Buches Informationen
und Ratschläge sorgfältig recherchiert und geprüft.
Dennoch erfolgen alle Angaben ohne Gewähr. Autor und Verlag
können keinerlei Haftung für etwaige Schäden oder Nachteile
übernehmen, die sich aus der praktischen Umsetzung
der in diesem Buch dargestellten Inhalte ergeben.

Aus Gründen der besseren Lesbarkeit wurde durchgängig
die männliche (neutrale) Anredeform verwendet,
die selbstverständlich die weibliche mit einschließt.

© 2020 Fischer, Ulrich E.
Herstellung und Verlag: BoD – Books on Demand, Norderstedt
ISBN: 9783750430358

INHALT

Liebe Freunde!   9

Vertrauen   11

Formículing?   12

Nichts zuviel!   15

Nichts zuwenig!   20

Defizite   21

Zurück zur Natur   23

Überzeugungen   26

Wie innen, so außen   27

Harmonie   30

Irrwege   37

Zufriedenheit   40

Elementares   44

Spirituelles   51

Randbedingungen   61

   – Was und wieviel trinken?   65

   – Was und wieviel essen?   68

   – Wie essen und trinken?   71

   – Sinne   73

   – Vermeidbares   80

Zum Schluß   82

Einführung / Übungstipps   86

   – Übungstipps mental   89

   – Übungstipps praktisch   92

Jetzt geht es los!   96

ANLEITUNG   99

Wollt ihr mehr?   117

ANHANG   121

Honigtau melken   123

   – Selbstmedikamentierung   124

   – Selbstheilungskräfte   125

   – Schlafmangel   126

   – Zentrierung   127

   – Trainings-Zwangspausen   129

   – Auseinanderfallen   131

   – Nervenzentren   132

   – Gifteinlagerung   135

   – Atmung   135

   – Hautfunktionen   139

   – Schneller als Stärkere   140

   – Umfeld als Stilleben   141

   – Smartphone-Präsenz   143

   – Kleine Süchte   144

– Naturentfremdung   147

– Das Maß aller Dinge   149

– Hand- und Fingerzeichen   151

– Muskelkommunikation   154

– Kleinteilige Funktionsdefekte   156

Wunschdenken?   158

8

LIEBE FREUNDE!

Jeder hat wohl am eigener Leibe oder in seinem Bekanntenkreis die physiotherapeutische Rehabilitation nach einem Arm- oder Beinbruch kennengelernt, bis die Normalfunktion der betroffenen Extremität wiederhergestellt war. Mehr als diese Normalfunktion brauchen wir in der Zivilisation eigentlich kaum. Was darüber hinausgeht, ist eitle Kosmetik zu nennen - sofern wir damit nicht sportlichem Ehrgeiz frönen oder spezielle Berufsbedingungen erfüllen müssen. Heute aber wird von vielen nicht einmal die Minimalanforderung an die körperlichen Grundfähigkeiten eines halbwegs gesunden Menschen erfüllt.

Anstatt vorzugeben, wofür dem Laien eine klare und eindeutige Begriffsbestimmung fehlt, fordere ich euch auf, einmal zu überprüfen, was für euch persönlich eine normale, gesunde körperliche Verfassung ist, und euch daran zu messen.

Wer mit sich zufrieden ist, soll mit sich zufrieden bleiben. Sollten sich aber bei ehrlicher Selbsteinschätzung Defizite herausgestellt haben, biete ich die Möglichkeit zur einfachen Durchführung von Korrekturen an.

Diese Möglichkeit stelle ich als *Formículing* vor, ein simples, gleichwohl umfassendes Übungs-System, das jeden zwischen Tür und Angel von Kopf bis Fuß ziemlich mühelos fit machen kann, fit im Sinne der Befriedigung des Ur-Bedürfnisses, sich stark zu fühlen. Ein solches Gefühl war für den Steinzeitmenschen unabdingbar, um in seinem Umfeld, insbesondere unter seinesgleichen, mit Imponiergehabe beeindrucken zu können, und eine adäquate Körpersprache ist heute immer noch für die Selbstbehauptung von Vorteil.

Wo würde sich die Marke eurer körperlichen Leistungsfähigkeit zwischen »möglich« und »unmöglich« auf einer Skala von 0 – 100 befinden? Von Geburt an liegt sie zunächst bei 50 und sollte dort zeitlebens bleiben. Aktuell haben diesen Wert jedoch die wenigsten vorzuweisen

Gehen wir davon aus, daß in jedem Menschen seine Vollkommenheit angelegt ist, kann es sich bei maßvollen Bemühungen um Kraftzuwachs auch um ein Element selbstverpflichteten Strebens handeln, diese Vollkommenheit zu verwirklichen. Letztlich sollten alle Schritte zur Erhaltung oder Wiedererlangung der ursprünglich in uns angelegten physischen Leistungsfähigkeit eine idealistische Komponente beinhalten und eine individuelle Kulturleistung sein. In diesem Sinne möchte ich mit *Formículing* zu einem jedermann verfügbaren Mindestmaß an Körperertüchtigung beitragen. Das ist mir deshalb wichtig, weil alles, was wir tun – ob wir es wollen oder nicht – in einem überpersönlichen Zusammenhang auch mit den alltäglichen Dingen des Lebens steht. Dem Ausübenden sollte seine Mitverantwotung für das bewußt sein, was sich hinter seiner von mir angeregten Aufwertung verbirgt.

VERTRAUEN

Ich weiß wovon ich rede. Ich praktiziere Karate-Do seit fast vier Jahrzehnten, davon die Hälfte mit Fachübungsleiter-Lizenz als Vereins-Trainer. Dabei habe ich eine Menge Erfahrungen gesammelt und auch zur Erhaltung meiner eigenen Fitness erfolgreich umgesetzt. Bei der hier relevanten Thematik habe ich vornehmlich die körperlichen Anforderungen im Blick, die an den gesundheitsbewußten Freizeitsportler gestellt werden, um daraus verallgemeinernde Schlüsse für die Kräftigung auch und gerade sportlich nicht Aktiver abzuleiten. Amateursport, egal um welchen es sich handelt, ist eigentlich nur ein gesundes Hobby für maßvoll Ehrgeizige. Er ist aber genauso wie Leistungssport auf den Vergleich selektiv eindimensionaler Leistungsziele ausgerichtet, sei es im Wettkampf mit anderen, sei es um persönliche Rekorde zu erreichen. Solches anzustreben, hat zumindest eine Komponente des olympischen Mottos »höher, schneller, weiter (stärker)« und setzt auf jeden Fall einige Opferbereitschaft voraus. Nichts gegen eine gewisse Sportlichkeit, aber man kann bei Beachtung einiger Grundsätze auf einfachem Wege, auch ohne sich sportlich zu messen, vital sein und bleiben. Wollt ihr euch flexibel, ohne große Anstrengung und mit geringem Zeitaufwand kräftigen? Dann seid ihr meine Zielgruppe. Ihr haltet hier den passenden »Light«faden zum Erreichen und dauerhaften Erhalten natürlicher Stärke in den Händen.

FORMÍCULING?

Ja, das ist zunächst einmal nur ein Wortspiel: *Formículing* bezeichnet zum einen die in diesem Buch vorgestellte **formelhaft** reduzierte Methode, sich in **Form** zu bringen, zum amderen den dafür zu betreibenden minimalen Aufwand, dessen Effizienz an den beispielgebenden Aktivitäten der winzigen Ameise (lat. **formica**) versinnbildlicht wird, diesem faszinierenden Insekt mit erstaunlichen menschlichen Eigenschaften.

Wenn die Förster von den „kleinen Giganten des Waldes" sprechen, meinen sie die Waldameise wegen ihres riesigen Beitrags zur Aufrechterhaltung des natürlichen Gleichgewichts im Ökosystem ihres ausgedehnten Biotops. Denn abgesehen davon, daß die Ameisen für einen gut aufgelockerten Waldboden sorgen, vertilgen sie mancherlei Insekten und verbreiten die Saat hunderter verschiedener, meist bodennah wachsender Pflanzenarten, deren Samen ein kleines, leckeres fett- oder proteinreiches Anhängsel haben, weswegen sie von den Ameisen nach Hause getragen werden, um ihren Speiseplan zu bereichern.

Älteste fossile Funde von Ameisen – bekannt sind die Einschlüsse in Bernstein – stammen aus der Kreidezeit, sind also an die 100 Millionen Jahre alt. Demnach müßte die Ur-Erinnerung der Ameisen, wenn es eine solche gäbe, bis zu der Zeit zurückreichen, als ihresgleichen den Sauriern Gesellschaft leistete. Da gab es noch längst keine Menschen. Wäre die Zeit seit Bestehen der Ameisenstaaten 24 Stunden, hätten die Menschenstaaten erst knapp 9 Sekunden erlebt. Geht der moderne Mensch den Weg der Naturzerstörung weiter so beschleunigt wie bisher, könnte die Existenz der Ameisen eines nicht fernen Tages ohne das Intermezzo ihrer größten Plage, der Homo sapiens des 21. Jahrhunderts, fortdauern wie eh und je.

Die aufgrund ihrer unvorstellbar langen Erfolgsgeschichte ewig zu nennende Ameise, historisch betrachtet, gewissermaßen ein überlebender Micro-Saurier, ist vollkommen, von Anfang an perfekt, sonst hätte sie nicht alle Zeiten überdauert.

Laut der allgemeinen Ameisenkunde soll jedes hundertste Lebewesen auf der Erde eine Ameise sein, und alle Ameisen zusammen genommen hätten schätzungsweise das Gewicht der gesamten Menschheit.

Ameisen erreichen ein für Insekten respektables Alter. Ihre Königinnen leben bis zu 25 Jahre, die Arbeiterinnen bis zu 6 Jahre. In Bezug auf Kraft ist anzumerken, daß formica auf ihren an die 100 m langen Transportwegen bis zum 20fachen ihres Eigengewichts schleppen kann.

Tatsächlich sind Ameisen in mancher Hinsicht fast so etwas wie Mini-Menschen. Sie bilden Staaten, üben in einer arbeitsteiligen Gesellschaft Berufe im Innen- und Außendienst aus, betreiben Viehzucht (Blattläuse) und Vorratswirtschaft, sind Allesfresser, kennen Keimhemmstoffe, stellen brotähnliche Nahrung her, bauen Straßen und beschaffen sich Sklaven (Hilfsameisen) durch Raubzüge zu anderen Ameisenvölkern. Ja, es gibt sogar Fälle, in denen eine Ameisenkönigin in ein fremdes Ameisennest eindringt und dort die herrschende Königin umbringt, um dann ihre Stelle einzunehmen. Ameisen treffen Vorsorgemaßnahmen, wenn Regenwetter zu erwarten ist, klammern sich bei Überschwemmungen zu Flößen zusammen und lassen sich auf dem Wasser treiben, bis sie wieder festen Grund unter den Füßen haben. Ein Beispiel mehr von scheinbarer Ameisenintelligenz stellt die Beobachtung dar, daß diese Insekten einen Obstbaum-Leimring durch Auftragen von Erdklumpen überbrücken, um zu den Blattläusen in der Baumkrone zu gelangen, und droht dem Blattlausbaum Raupenbefall, hat er mit der Ameise einen wehrhaften Verteidiger.

Aus dem frühen Mittelalter ist die Einsicht des heiligen Augustinus überliefert: »DEUS IN MINIMIS MAXIMUS« (Gott ist in den kleinsten Dingen am größten). Zu Recht dient die Ameise in diesem Buch als anthropomorphisierte Symbolfigur unserer Übungen, zu der mich der für den Oscar nominierte SciFi-Film »Formicula« der 1950er Jahre inspiriert hat. Der handelt von außer Kontrolle geratenen Riesenameisen, die auf einem ehemaligen Testgelände für Atomwaffen durch Strahlung mutiert sind. Interessant im Zusammenhang mit unseren Zielstrebungen ist das cineastisch verdeutlichte Potenzial dieser Insekten. Lassen wir hier *Formiculing* einfach als nicht völlig abwegige Mctapher für **Muskelbildung light** stehen.

NICHTS ZUVIEL

Es gibt genug unter uns, die haben irgendwann einmal, wenn nicht mit dem mehr oder weniger regelmäßigen teuren Besuch eines Fitness-Studios, dann vielleicht mit Heimtraining an kostspieligen Geräten, Jogging, Walking, Schwimmen und dergleichen angefangen, um für sich selbst etwas zu tun und damit zu mehr Wohlbefinden zu gelangen. Und meistens endete die Initiative wie der berühmte gute Vorsatz an Silvester. Gerade wenn es sich um Muskelaufbau handelt, zeigen sich Parallelen zum Yoyo-Effekt der Schlankheitsprogramme. Man neigt mit dem ersten Schwung dazu, sich von der Werbung beförderte ehrgeizige Ziele zu setzen, und muß bald feststellen, daß man die Sache mit zu hohen Erwartungen angegangen ist. Bei geschwächter Motivation kann man dann nicht lange standhaft bleiben und fällt schließlich wieder in die unerwünschte Ausgangssituation vor der Aufnahme des vermeintlichen Erfolgstrainings zurück, bar der vielversprechenden, unter Umständen teuer bezahlten Illusion.

Der schon x-ten Variation eines Gesundheitsthemas in den Medien ist wieder enmal zu entnehmen, daß nach dem heutigen Stand der Sportwissenschaft ein tägliches halbstündiges Workout, also ein intensiv betriebenes Kurzzeittraining, euer Leben um neun Jahre verlängern könne. Wie seriös ist eine solche in Aussicht gestellte Möglichkeit? Selbst wenn sie, ungeachtet des Interpretationsspielraumes der zugrunde liegenden Statistiken, im Ergebnis zuträfe, bliebe dahinter eine Milchmädchenrechnung bestehen, die bei dem propagierten Lebenszeitgewinn das vorausgesetzte Leistungsopfer ambitionierter Anstrengungen über einen ungewissen Zeitraum von fünf oder mehr Jahrzehnten unterschlägt, das ja darüberhinaus an tägliches Umkleiden, Duschen sowie u. U. noch Wege von und zur Sportstätte gekoppelt ist. Ein Beispiel mehr, wie mit nachweislich pseudowissenschaftlichen Gesundheitsbehauptungen und schöngeredeten Qualen Menschen in die Arme der Fitness-Industrie getrieben werden und damit wahre Lebensqualität gegen Illusionen eintauschen. Lest in diesem Zusammenhang die Geschichte vom »Hans im Glück« im Märchenbuch der Gebrüder Grimm nach, wenn ihr Lust habt, und gönnt Körper und Geist ganz entspannt das aus *Formículing* zu beziehende tägliche Quäntchen Zufriedenheit.

Denn über ein gesundes Level hinaus generiert ihr tatsächlich prozentual umso weniger Kraftzuwachs, je mehr ihr dafür an Arbeit investiert. Überlegt einmal, wieviele Stunden ein Spitzenathlet täglich schuften muß, um sich mit seinen Rekordleistungen nur relativ wenig vom Freizeitspoirtler abzusetzen – und hat nach Jahren noch einmal zu kämpfen, dann aber gegen die medizinisch relevanten Spätfolgen seiner Exzesse. Es ist eben so, daß jede Übertreibung schadet. Diese Einsicht war für die Menschen der Antike sogar von heiliger Bedeutung, wie die Inschrift »Alles in Maßen« am Eingang des Apollotempels zu Delphi bezeugte. Für uns ist die in Stein gemeißelte apollinische Weisheit insbesondere in Bezug auf ihre Übereinstimmung mit unserer gemäßigten Vorgehensweise interessant.

Was können wir mit einem maßvollen Training à la *Formículing* erreichen? **Nachhaltigkeit statt Muskelberge mit Verfallsdatum!** Denn: Wer braucht schon lebenslänglich einen Sixpack? Meine Philosophie vom Erreichen und Erhalten gesunder Stärke kommt ohne Waschbrettbauch aus. Ich weiß ja, daß viele überzogenen Versprechungen auf den Leim gehen und als Opfer des Konsumterrors, der unerbittlich zur Orientierung an modischen Trends und Markenkäufen quasi zwingt, auf der Strecke bleiben. Um jedoch im Alter **naturgemäß** in Form zu sein, bedarf es keines Bodybuildings in jungen Jahren. Ganz im Gegenteil: Eine zu Beginn des vorigen Jahrhunderts neu aufgestellte und aktuell weiterentwickelte Theorie sagt, daß die arttypische Lebensdauer eines Tieres von seinem bioenergetischen Gesamtumsatz abhängt, weswegen z. B. Schildkröten das hohe Alter von mehreren hundert Jahren erreichen können. Demnach verfügt also auch jeder Mensch durchschnittlich über das gleiche begrenzte Lebensenergie-Depot. Das ist Wasser auf meiner Mühle; denn damit wird gesagt, daß extreme Körperbeanspruchung (natürlich auch Schlafmangel, Stress, Ernährungsfehler, Kälte, Hitze) den individuellen Vorrat an Lebensenergie überproportional vermindert, somit zu frühzeitiger Alterung führt. Allerdings hat der vernunftbegabte, erfindungsreiche Mensch die Möglichkeit, diesbezüglich das für Tiere Unvermeidliche bis zu einem gewissen Grade abzuwenden. Nicht nur durch lebensverlängernde medizinische Eingriffe. Schon der Lehre chinesischer Meister der Han-Dynastie (206 v. Ch. – 220 n. Ch.) zufolge wird jeder Mensch mit einem bestimmten Grundkapital an Lebensenergie oder Qi geboren. Zwar erschöpfen Stress im Alltag, ungesunde Lebensführung oder Verletzungen dieses Potential, doch könne dem mit einem System von einfachen Techniken, als Qi-Gong bezeichnet, bis zu einem gewissen Grade entgegengewirkt werden. Die Tradition dieser Form, verlorene Energie zu ersetzen bzw. das Defizit teilweise rückgängig zu machen, ist durch jahrtausendealte Seidenfragmente mit gemalten Qi-Gong Übungen belegt und wird bis heute in Gesundheitsübungen unterschiedlicher Stilentwicklungen gepflegt. Es ist nicht jedermanns Sache, einer fremdartigen, philosophisch begründeten Lehre der Förderung und Stabilisierung des Energiehaushaltes des Körpers zu folgen. Doch muß es erst zu einer leichtfertig herbeigeführten Reparaturbedürftigkeit kommen, die so oder ähnlich oder schulmedizinisch zu beheben ist? Wir dürfen auf dem heutigen Stand der Wissenschaft von der Tatsache ausgehen, daß die regenerative Teilungsfähigkeit der Zellen, aus denen wir bestehen, mit ihrem Alter abnimmt. Der uns nicht nur ins Gesicht geschriebene Vorgang einer mehr oder wenige langsam ermüdenden Zellteilung hält uns demnach nur eine begrenzte Zeit am Leben, mit beeinflußt von den Belastungen, denen wir einerrseits ausgesetzt waren und die wir uns andererseits zellschädigend zugemutet haben. Nein, Freunde, nicht allein das

Schicksal dreht u. U. unsere biologische Uhr schneller vorwärts, als von der Natur vorgegeben. Merke: **Das Geheimnis eines langen Lebens ist Mäßigung in allem.** Wie gesagt, war Mäßigung schon in der Antike als Tugend bekannt, und nach Paracelsus macht allein die Menge das Gift. (Sola dosis venenum facit). Das trifft auf die Ernährung genauso wie auf jede Tätigkeit zu. *Formículing* läßt euch jedenfalls schonend und in einem ausgewogenen Verhältnis zu regenerativen Pausen mit euren energetischen Resourcen umgehen.

NICHTS ZU WENIG!

Ständig drängen neue angebliche Heils-Methoden der Gewichtsabnahme auf den Markt ebenso wie immer wieder neue Top-Methoden der Muskelzunahme. In beiden Fällen ist eine Methode so effektiv wie die andere, auch wenn sich der jeweils erforderliche Aufwand kaum unterscheidet. Das eigentliche Geheimnis des, wenn überhaupt, dann mühsam errungenen, kurzfristigen Erfolges, oft genug an hochpreisigem Zubehör gekoppelt, liegt hier wie dort in der Erfüllung der verlangten Anwendungs-Disziplin, die eine nur selten vorhandene Willenskraft voraussetzt. Das bewahrheitet sich auch schnell beim Reinfall auf Mogelpackungen, die optimale Ergebnisse mit einem täglichen hochintensiven 4-Minuten-Training versprechen, um dann in ihrer Anleitung zu offenbaren, daß der erforderlichen Kurzzeit-Hochleistung ein 10 – 15 minüiges Warm-up vorangehen muß und mit einem ebenso langen Cool-down abzuschließen ist. Zwischen Brutto und Netto liegt bei der verführerischen Ansage nach Adam Riese eine Differenz von mindestens 16, eher 26 Minuten vor.

Der hier mit *Formículing* thematisierte Weg zum Erfolg ist hingegen denkbar komfortabel und von nachhaltiger Wirkung. Aber selbst der verlangt ein Minimum an dauerhafter Einsatzbereitschaft und ist nicht mit dem Schlucken von ein paar Pillen vergleichbar, durch die der Kranke wieder gesund wird – oder das zumindest glaubt, weil die Symptome damit verschwinden. Ich empfehle also im Sprachgebrauch der alten Mediziner eine mäßige aber regelmäßige Anwendung von *Formículing*. Freunde der Ehrlichkeit, wir unterhalten uns hier über einen alternativen Netto-Einsatz von täglich 7 – 10 Minuten, je nach Intensität und Temperament!

DEFIZITE

Es gibt Tätigkeiten im Leben, um die kommt man auch als homo sapiens des 21. Jahrhunderts nicht herum, wie Schlafen, Essen und Trinken, Toilettengang, Arbeit/Broterwerb – und natürlich auch körperliche Betätigung in irgendeiner Form.

Während derSteinzeitmensch schon durch die alltäglichen An-forderungen seines relativ kurzen Daseins fit blieb, führt der derzeitige Lebenswandel in den sog. Wohlstandsgesellschaf-ten, bei allen Errungenschaften, die zur Lebensverlängerung beitragen, oft mangels Bewegung und einem Mindestmaß an Kraftanstrengung zu frühzeitigen gesundheitlichen Beein-trächtigungen. Dies erst recht in Kombination mit Schlafman-gel und Fehlernährung, um mich nur auf das Elementarste zu beschränken, auf das wir selbst Einfluß nehmen können. Über kurz oder lang trägt heutzutage fast jeder einen zivilisationsbe-dingten Schaden am eigenen Leibe davon. Das besagt aber auch, daß es Einzelfälle individueller Einsicht gibt, diesem Um-stand praktisch entgegenzuwirken. Genau da möchte ich mit *Formículing* ansetzen, und das bedeutet eben, nicht verbissen und mit letzter Konsequenz eine gesündere Lebensform anzu-streben. Wir haben anderes im Sinn, als uns in muskelbildende Überanstrengungen und Askesen hineinzusteigern. Wir sind ja von Natur aus stark, nur unsere Lebensweise ist es, die uns schwach macht und uns verweichlicht. Es genügen schon ein paar kleine Korrekturen, um uns zu unserer angeborenen Grundverfassung zurückzuführen, also um fiktiv unsere Über-lebenschancen in der Steinzeit signifikant zu verbessern. Zur Reaktivierung unserer brachliegenden Potentiale gehört weni-

22

ger, als ihr vielleicht denkt. Was darüber hinausgeht ist Kraft-
und Zeitverschwendung.

ZURÜCK ZUR NATUR

Früher habe ich Arnold Schwarzenegger bewundert, der Bodybuilding populär machte, damit erfolgreich wie kein anderer
wurde und darauf aufbauend in der Filmbranche Berühmtheit
erlangte. Seine Muskelberge empfand ich zwar als widernatür-
liche Übertreibung. Mich hat aber sein Selbstverständnis als
Künstler angesprochen, der seinen Körper nach einer eigenen
Idealvorstellung modelliert. Wie Schwarzenegger erläuterte, ist
es Überprüfung der Gestaltungsarbeit und weniger Eitelkeit,
daß der Kraftsportler ständig vor dem Spiegel posiert. Wer seinen Körper als Kunstwerk betrachtet, hat etwas von einem Vi-
sionär. Seine Vision ist das Endergebnis des Aufbaus und Erhalts
einer Körperfassade von extremer Kraft und Stärke. Wenn man
die mit Bodybuilding verbundenen Exzesse beiseite läßt, kann
man einem solchen Körperbewußtsein auch heute noch etwas
abgewinnen; eher als der legendären, immer wieder gerne zum
Totschlag-Argument mißbrauchten Äußerung: »No sports!«,
die seinerzeit durch die Urheberschaft des greisen britischen
Premierministers Winston Churchill übermäßiges Gewicht be-
kam. Ebenso leistet die Redensart »Sport ist Mord«, die auf je-

ne tödlich endenden, damals als Sportereignis aufgefaßten Gladiatorenkämpfe der Römerzeit zurückgeführt wird, der Trägheit Vorschub. Jedoch bezieht sich diese Ausrede jetzt mehr auf die nicht seltene Sportinvalidität im Hochleistungsbereich.

Gehen wir auf Distanz zu jedwedem Extrem und fragen: **In welcher körperlichen Verfassung sind uns am wenigsten Grenzen gesetzt?** Ameisen brauchen über ihre körperliche Verfassung nicht nachzudenken. Sie haben bereits vor Urzeiten zu ihrer idealen Lebensform gefunden. Unsere Art ist im Verhältnis dazu noch sehr jung und in einem ständigen Wandel zunehmender Naturentfremdung ihrer Lebensform begriffen. Soweit dieser Wandel zerstörerische Folgen für die Umwelt hat, belastet er uns mit degenerativen Rückwirkungen und stellt sogar unseren Fortbestand in Frage. Das erkannten kluge Menschen bereits im 18. Jahrhundert. Mit der Bewegung „Zurück zur Natur" versuchten sie, die damals schon absehbaren Folgen einer ausufernden Technokratie aufzuhalten. Grün-alternative Politik der letzten Jahrzehnte hat solche Gedanken wieder aufgegriffen und zu ihrem programmatischen Schwerpunkt gemacht, bemühte sich jedoch bislang vergeblich, den Umweltschutz gegen die Realität des tendenziell lebensfeindlichen Weltgeschehens durchzusetzen. Der Nobelpreisträger

Konrad Lorenz, Pionier der vergleichenden Verhaltensforschung, führte den Fachbegriff der Autodomestikation des Menschen ein und bezeichnete die Situation in den Wohlstandsgesellschaften kritisch überspitzt als humane Verhausschweinung. In der Tat nehmen die meisten im Überfluß lebenden Menschen sich selbst von einer artgerechten Haltung aus, die sie mit dem Tierschutzgedanken für alle Lebewesen einfordern, und ignorieren in diesem Zusammenhang auch weitgehend die Menschenwürde.

Über alle Unterschiede hinweg gibt es gemeinmenschliche Verhaltensweisen, aber auch übereinstimmende körperliche Merkmale, eine auf physische Grundeigenheiten beziehbare Norm, die uns alle vor außerirdischen Besuchern als Menschen ausweisen würde, so wie wir, um beim bevorzugten Beispiel unserer Thematik zu bleiben, alle Ameisen als solche identifizieren können.

Bei *Formiculing* geht es nun insbesondere um die Pflege oder Wiedererlangung einer angeborenen körperlichen Standard-Verfassung. Kaum ein Stadtmensch weiß, wie weit er unter dem Leistungsniveau dieser menschlichen Normalität steht, bis es ihm seine vorzeitige Altersgebrechlichkeit sagt. Viele kennen sogar ihre Kleidung besser als ihren Körper, beziehen ihre Identität hauptsächlich aus dem modischen Wandel, den die Bekleidungsindustrie vorgibt. Schon zuzeiten der altgriechischen Zivilisation erging die philosophische Mahnung an die verweichlichende Bevölkerung: »Werde der du bist!«, die nicht nur äußerliche Selbstverwirklichung meinte, sondern auch umfassende Ausbildung und Darstellung des menschlichen Wesens im Sinne des Schöpferwillens.

ÜBERZEUGUNGEN

Wir sehen: Die Frage nach einer guten körperlichen Verfassung kann nicht unabhängig von ihren geistigen Voraussetzungen und frei von ethischen Gesichtspunkten gestellt werden. Schon um das 6. Jh. v. Chr. lehrte Laotse, der Begründer des Taoismus, daß man nicht nur für das verantwortlich ist, was man tut, sondern auch für das, was man nicht tut.

»Es gibt nichts Gutes, außer man tut es«. Für unsere Zwecke interpretiert, bedeutet dieser Satz von Erich Kästner: Ob wir nach unseren Überzeugungen handeln oder es unterlassen, das macht den qualitativen Unterschied für uns und die Welt aus. Bedenkt, daß nach alter Hexenweisheit im Schlechten ebenso wie in unserem Fall im Guten dreifach zurückkommt, was ihr aussendet.

Ohne eine Höhe, die über der Verbesserung unserer Fitness steht, brauchen wir gar nicht erst mit *Formículing* anzufangen, es würde uns der entscheidende Antrieb fehlen, damit dauerhaft erfolgreich zu sein.

WIE INNEN SO AUSSEN

Alle Religionen erklären den Menschen zum krönenden Abschluß ihrer Version der Schöpfungsgeschichte und verbinden damit die Einforderung eines gottgefälligen Wesens von uns allen. Da ich in erster Linie das christlich geprägte Abendland anspreche, beziehe ich mich nur beispielhaft auf die Genesis, 1. Mose 1.27 des alten Testamentes der Bibel, wo es heißt: »Und **Gott schuf den Menschen zu seinem Bilde**, zum Bilde Gottes schuf er ihn; und schuf sie, einen Mann und eine Frau«. Hier wird der Mensch aufgerufen, als Gestalt und Gestalter Verantwortung zu übernehmen. In ihn wird die Erwartung gesetzt, daß der göttliche Segen, der seine Schöpfung begleitet hat, sich in der menschlichen Erscheinung und im menschlichen Tun niederschlägt. Seht euch an! Seid ihr in diesem Sinne vielleicht, ohne es zu ahnen, gottlos? Diese religionsübergreifend gemeinte Frage steht keineswegs im Gegensatz zum heute weit verbreiteten Verständnis der Autonomie unseres Daseins, sondern verweist gleichermaßen auf die weltliche Axeptanz eines der ehernen Lebensgesetze, die bereits der mythische Hermes Trismegistos in vorchristlicher Zeit in seinen Schriften behandelt haben soll: Wie innen, so außen – wie außen so innen. Ich möchte das mit dem Beispiel der Erzeugung eines Tones veranschaulichen, der alle gleichgestimmten Körper in seinem Umfeld zum Mitschwingen bringt. Weiter gefaßt wurde die Resonanz der Außen- mit der Innenwelt im alten Indien unter dem Begriff Nada Brahma beschrieben, um das Wesen der Welt zu erklären, das sich natürlich auch in uns manifestiert: Die Welt im Allgemeinen (hier als Brahma verstanden) wie auch wir selbst im Besonderen bestehen demzufolge aus Klang (Nada). Während in Tibet die Tradition der rituellen Wiederholung mantrischer Laute (z. B. das bekannte Om mani padme hum, besonders der transzendente Ur-Klang OM) bis heute ununterbrochen fortgesetzt wurde, lebte in den 1970er Jahren in Indien bei Bhagwan Shree Rajneesh (alias Osho) die Nadabrahma-Meditation auf der Grundlage einer durch Summen hervorgerufenen inneren Vibration wieder auf, die in die Aufnahme harmonischer Klänge in Verbindung mit sehr langsamen Bewegungen übergeht und in einer entspannten Rückenlage endet. In fortgeschrittenen Meditationsstadien sollen spontane innere Klänge wahrgenommen werden. Praktiken, in denen der Meditierende seine Aufmerksamkeit auf solche Klänge oder den sog. Tonstrom richtet, werden auch als Nada Yoga bezeichnet. Zweifellos können wir auf diese Weise einen heilsamen Schwingungsraum in uns herstellen. Darauf basierend wenden spezialisierte Heilpraktiker ein sogenanntes repetitives Meditationstraining an, das auf dem Prinzip rhythmischer Wiederholung einer Formel beruht, die sich nach und nach an der Atmung orientiert. Den positiven Effekt einer solcher Anleitung beziehen aber schon Generationen von Christen selbständig aus dem eigentlich auch mantrischen Rosenkranzbeten. Im Mittelalter erzeugten Mönche durch Singen des Wortes Gottes in den unbegleiteten gregorianischen Chorälen eine innere Feinstimmung. Selbst profaner Gesang kann unsere Daseinsebene anheben, und wem das Singen nicht gegeben ist, für den wird sogar durch bloßes Summen ein Hauch wohltuender Schwingungsharmonie erlebbar. Hinsichtlich des **Klanges** der wechselseitigen äußeren und inneren Schwingung des Menschen befinden wir uns letztlich in Übereinstimmung mit biblischer Weisheit in Bezug auf das Evangelium des Johannes. Dort heißt es eingangs des 1. Kapitels: »Im Anfang war das Wort, und das Wort war bei Gott, und Gott war das **Wort**«. Ein Vorbild gibt der Sinn einer in Indien und einigen anderen asiatischen Ländern unter Hindus seit wohl mehr als 3000 Jahren gebräuchliche Ausübung der **Grußgeste** «Namaste». Es handelt sich in der Form um das Zusammenführen der Hände, die mit einer leichten Kopfbeugung in die Nähe des Herzens an die

Brust gelegt werden. Gemeint ist das Verneigen des inneren Göttlichen vor dem Göttlichen im Gegenüber. Eine Entsprechung dieses Verständnisses wurde übrigens im Ur-Christentum der Römerzeit wieder lebendig. Da belehrte der Apostel Paulus die Korinther, daß sie der Tempel Gottes seien und der Geist Gottes in ihnen wohne (1. Kor. 3, 16 - 17) Klang, Wort uns Geste sind hier im Sinne der Ganzheitlichkeit unserer Zielstrebungen als wirkungsgleiche Dreifaltigkeit zu verstehen.

HARMONIE

Daß sich in allen Erscheinungen des natürlichen Daseins eine dynamische Harmonie ablesen läßt, ist zeitlos gültige Erkenntnis aus einer viele Jahrhunderte zurückreichenden Überlieferung, die, wie nicht anders zu erwarten, auch durch neueste Forschungsergebnisse bestätigt wird. Diesbezüglich scheint ein seit Mitte der 1970er Jahre Fachdisziplin übergreifender Forschungszweig das heutige naturwissenschaftlich erschlossene Weltbild zu revolutionieren: die Mandelbrotsche computeranimierte Chaos-Forschung. Gegenstand ihrer Untersuchungen ist das Phänomen der Selbstorganisation komplexer dynamischer Systeme nach dem geometrischen Muster der sich mitwandelnden spezifischen Randbedingungen im fraktalen selbstähnlichen Grundmuster. Als Fraktal haben wir dabei Objekte mit gebrochener Dimension, etwa 1,26 oder 0,63 zu verstehen, deren Selbstähnlichkeit darin besteht, daß die Ausschnitte ihrer Struktur ihr selbst gleichen. Und die Bedeutung der Dynamik liegt hier in den zu berücksichtigenden winzigen Störungen, die sich im Verlauf der Entwicklung des Systems dramatisch vergrößern. Es ist dies eine Bestätigung der alten empirisch gewonnenen Erkenntnis, der gemäß das Große dazu neigt, sich in abgewandelter Form im Kleinen zu wiederholen und umgekehrt.

Versuche der Vermessung des Weltalls haben jetzt ergeben, daß die Galaxien Teile einer übergeordneten Struktur darstellen. Auf mikro- oder makroskopischem Wege können wir aus unserer näheren und ferneren Umgebung die zeitlosen Ordnungsgesetze der Welten erfahren. So ist und wird die Welt durchgestaltet, entfaltet sich das All in einem geordneten Differenzierungsprozeß, der in eine andere, von uns sinnlich nicht erfaßbare Dimension reicht: Der Kosmos des Kosmos im Kosmos ... eine nach unseren Maßstäben unendliche Verschachtelung.

Doch so weit hinaus in die fernste Ferne brauchen wir gar nicht zu schauen, um einen Begriff von der allumfassenden Harmonie des Daseins zu bekommen. Gleichen wir erdnäher wissenschaftlich ermittelte Zusammenhänge von Planetengesetzen mit der Farb- und Klangwelt ab: Jeder Spektralfarbe läßt sich ein Ton zuordnen. Weiter gibt es eine logarithmisch proportionale Übereinstimmung der Planetenabstände zur Sonne mit der Schwingungszahl je einer der Farben des Regenbogens, von Rot – niedrigste Schwingungszahl – bis Violett – höchste Schwingungszahl, sowie mit der entsprechenden Tonschwingungszahl (z. B. Kammerton »A« 435 Schwingungen pro Sekunde).

In der Spätantike bildeten die Pythagoräer eine Lehre von zahlenmäßigen Beziehungen zwischen den Planeten und den Tönen des Tonsystems aus, die sie Sphärenharmonie nannten. Wie dieser Lehre zu entnehmen ist, erklingen im Kosmos die bewegten Himmelskörper in harmonisch geordneten Intervallen, deren Klang jedoch von uns wegen seiner ständigen Einwirkung nicht wahrgenommen wird. In ihren Entfernungen zueinander entsprechen die Planeten den Intervallen der sieben- bzw. achttönigen Skala.

Schon in den Kulturen des alten Ägyptens und Babylons, Indiens und Chinas sind Beziehungen der Musik zum Kosmos verbreitet, demnach nicht nur die Planeten, sondern auch der Wechsel der Jahreszeiten und das System der Elemente in harmonischen Verhältnissen zueinander stehen. Im Mittelalter wurde die Lehre von der Sphärenharmonie wieder aufgenommen und christlich modifiziert. Nach der Denkweise dieser Zeit erfüllt eine in Zahlen darstellbare Harmonie das Weltall als den Makrokosmos ebenso wie den Menschen als den Mikrokosmos.

Woher wußten die alten Griechen, daß die verlängert gedachte Polachse der Erde eine Kreiselbewegung ausführt, deren Zyklus sie ziemlich genau mit 25.700 bis 25.800 Jahren angaben? Richtig sind 25728 Jahre. (Die Präzessionsperiode der Erdachse wird als Platonisches Jahr bezeichnet und in zwölf Platonische Monate oder Weltzeitalter zu je etwa 2150 Jahren unterteilt. Richtig sind 2144 Jahre. Die Weltmonate tragen die Namen nach den zwölf Tierkreiszeichen. Das Sternbild, in dem sich der Frühlingspunkt zur Zeit befindet, gibt dem Platonsmonat seinen Namen). Sicherlich haben unsere naturnahen Altvorderen den Sternenhimmel viel intensiver erlebt als wir, wahrscheinlich sogar als das größte Naturschauspiel überhaupt, da er noch nicht vom Großstadt-Kunstlicht überstrahlt war, und sie hatten nachts wesentlich mehr Muße, ihren Blick nach oben, hin zur rätselhaften Lichterpracht des Firmaments zu lenken. Liegt es nicht nahe, daß unsere Ahnen, als sie noch einer profanen Schrift unkundig waren, ihre Mythologie in die sich anbietenden unveränderlichen Sternbilder projizierten und dabei bereits die Planetengesetze berücksichtigten? Fälschungssicher, stets überprüfbar, unangreifbar sah man die Götterfamilie im Himmel versammelt, konnte sich noch nach Jahrtausenden jede sternenklare Nacht aufs neue von der Richtigkeit der überlieferten Beziehungen der Götter untereinander überzeugen.

Dies alles gibt einen Einblick in das Wesen der harmonischen Wunderwelt, in die wir eingebettet sind, und die von jedermann so erfahrbar ist, wie sie etwa die alten Meister als „Goldenen Schnitt" an den in der Natur vorkommenden Proportionen z. B. eines Zweiges von seinem Ansatz zur ersten und zweiten Knospe ablasen.

Beim Vergleich des Körperbewußtseins, das aus der bildenden Kunst der Antike spricht, mit dem Übermaß der aufgepumpten Muskulatur eines Kraftathleten von heute springt die neuzeitliche Entfernung von Natürlichkeit und Harmonie förmlich in die Augen.

Davon abgesehen bildet dieses an sich unscheinbare Beispiel Fleisch gewordener Maßlosigkeit in letzter Konsequenz ein Fraktal des maßlosen Geistes ab, der die Ausplünderung und Vergiftung unseres Planeten bewirkt.

Ich möchte bevorzugt an die aus universellen Sachverhalten geschöpften Idealbilder des klassischen Altertums anknüpfen, wie sie der ursprüngliche olympische Geist in Hochform widerspiegelt, soweit sie eine moderate Kräftigung betreffen, schon deswegen, weil es mehr Freude macht, vor diesem Hintergrund ein Selbstbild zu entwerfen und mit *Formículing* zu verwirklichen. Eure Kräftigung a la *Formículing* bewirkt zugleich eine Harmonisierung eurer Persönlichkeit – ganz ohne Qual und mit positiver Auswirkung auf euer Umfeld. Eine solche Ganzkörper-Harmonisierung kann mitunter sogar von ursächlich rätselhaften Krankheitserscheinungen heilen.

Geduld, Freunde! Geduld! Mit diesen Ausführungen entferne ich mich nicht vom eingangs angekündigten einfachen Weg. Sie sollen Orientierungshilfe und Anregung zum Erreichen eines individuell zufriedenstellenden Selbstbildes ohne Mühe und Arbeit sein. Strebt in diesem Sinne mit *Formículing* eure körperliche Aufwertung auf der Grundlage alltagstauglicher Übungen für den Hausgebrauch an. »Gutta cavat lapidem«, sagten schon die alten Römer, was gleichbedeutend ist mit »Steter Tropfen höhlt den Stein«. Ich meine damit die noch zu erläuternden gleichnishaften, unablässigen kleinen Ameisen-Schritte, die ihr euch zur Gewohnheit machen solltet, um allmählich die **Grenzen zu erweitern, die euch eure aktuelle körperliche Verfassung setzt.**

Kennt ihr die Hypothese, daß nur geringe Unterschiede in der Geräte-, insbesondere der Waffenherstellung, den Cromagnonmenschen im Evolutionsgang existenzielle Vorteile gegenüber den Neandertalern verschafft haben, die schließlich zur Verdrängung von letzteren aus ihren Siedlungsgebieten und zu ihrem Aussterben führten? Eine von Paläanthropologen belegte dauerhaft niedrigere Vermehrungsrate der Neandertaler könnte auch Indiz für ihre kriegerische Unterlegenheit gegenüber dem homo sapiens sein. Wir können aber geringe Unterschiede mit großer Wirkung auch von einer ganz anderen Seite betrachten: Der im Gefängnis einsitzende Verbrecher sieht nicht derartig augenfällig als solcher identifizierbar aus, wie es die Kinofilme gewöhnlich darstellen. Nein, der Kriminelle im wirklichen Leben hat keine Verbrechervisage, er sieht aus wie du und ich. Seine meist unsichtbare geringfügige Andersartigkeit hat jedoch weitreichende soziale Folgen.

Es kann gar nicht deutlich genug gemacht werden, wie wenig nötig ist, um aus uns – jetzt aber im positiven Sinne! – geradezu dramatisch andere Menschen zu machen: Nämlich nur das bißchen hier angepriesene *Formículing*.

War das erst einmal genug Theorie für euch, dann könnt ihr von hier fast schon direkt zum Start des Praxisteils (ab Seite 96) übergehen. Fast – weil ihr zwar zunächst die nachfolgenden

Kapitel überspringen könnt, es sich jedoch empfiehlt, wenigstens bei den Prinzipirn des *Formículing* (Kapitel: Einführung/ Übungstipps ab Seite 86) wieder mit dem Lesen einzusetzen. Bleibt aber neugierig auf den ausgelassenen Text, der euch helfen soll, euren persönlichen *Formículing*-Weg so zu gehen, wie es das geflügelte Wort des spanischen Poeten Antonio Machado sagt:»Wanderer, es gibt keinen Weg, der Weg entsteht beim Gehen«. (»Caminante, no hay camino, se hace camino al andar«). Ja, das waren bis hierhin schon viele Worte. **Die Essenz der schlichten und einfachen *Formículing*-Übungen erschließt sich euch aus ihrer Durchführung zwar beinahe von selbst – besser jedoch, wenn ihr alle Erläuterungen bis hierher und weiter kennt.**

IRRWEGE

Die gängigen sogenannten Erfolgs-Systeme zur schnellstmöglichen Erlangung von Muskelzuwachs vermitteln die Illusion einer Sofortwirkung. Sie überfordern entweder von Anfang an den verführten Laien oder zermürben ihn bald, davon abgesehen, daß sie größtenteils der Gesundheit abträglich sind.

Wer ist noch nicht auf Versprechungen hereingefallen, die sich bei näherem Hinsehen als unhaltbar herausstellten? Gesundes organisches Wachstum braucht Zeit.»Der Weg zum Erfolg kennt keine Abkürzung«, lehrt Meister Masahiko Tanaka seine Karate-Schüler.

Wir neigen von Natur aus dazu, gleich dem Wasser den Weg des geringsten Widerstandes zu gehen – auch, wenn es darum geht, sich Muskelballast anzutrainieren. Diese menschliche Schwäche wird unter Vorspiegelung falscher Tatsachen kommerziell geschickt ausgenutzt. Um den meist nicht nur einmal begangenen Fehlkauf zu kompensieren, begeben wir uns immer wieder in das Labyrinth des riesigen Kraftzuwachsmarktes und zeigen kein anderes Suchtverhalten als diejenigen, die ihr Übergewicht bekämpfen wollen. Aus Büchern, Muskelaufbau-Präparaten, Geräten, Fitness-Zentren oder -Kursen ziehen wir nur minimalen Zugewinn über unsere gute angeborene Normalverfassung hinaus. Wie wenig nötig ist, um lebensbedingte Schwachstellen zu aktivieren und damit eine umfassende Regeneration einzuleiten, die zurück zur ursprünglichen Stärke führt, wird geflissentlich verschwiegen, ebenso, daß mehr unvernünftig ist. Groß ist die Zahl der gefrusteten Opfer von fachchinesischen Anleitungen, von Systemen, die kompliziert wie schlechte Gebrauchsanweisungen für Haushaltsgeräte sind, von zeitaufwändigen Anforderungen exotischer Körperkultur-Lehrgänge, von Foltern in Muckibuden. Manche glauben, den Frust langfristig mit eiserner Disziplin überwinden zu können.

Gehört ihr zu solchen Kämpfern, bedenkt, daß eine dauerhafte Askese mit dem negativen Gefühl von Entbehrung persönlichkeitsprägend verbunden ist. Gewiß, im Leben ist Kampf für die Selbstbehauptung unvermeidlich. Hierbei handelt es sich jedoch um die Ausnahmen zwangsläufig zu überstehender Episoden, die dem Dasein die Würze verleihen. Macht euch klar, daß anhaltender selbsterzeugter Stress euch keine Zeit zur Neuaufladung eurer Akkus läßt. Die eigentlich verfolgte Absicht, sich für den Beruf und die Anforderungen zu ertüchtigen, die das Leben stellt, geht in der Befolgung unverdaulicher Rezepturen unter.

Schließlich stößt man auf die vermeintlich ideale Lösung. Doch oha! Trotz aller verheißenen und wissenschaftlich begründeten Effizienz liegt die nackte Wahrheit bei mehr als 20 Einzelübungen mit jeweils einigen Varianten. Da verliert man schnell die Übersicht und die Begeisterung verpufft unter der obendrein auferlegten Einhaltung von Übungsintervallen. Erst recht entwickelt man keine emotionale Nähe zur ganzen Sache, wenn sie die Mühsal von mehreren selbst zusammenzustellenden Wiederholungssätzen vorschreibt. – Schluß mit diesen ganzen Spaßbremsen!

Ja, theoretisch funktionieren die vielfältigen, oft sogar von Idealismus getragenen Kräftigungsangebote alle – meistens aber gegen unsere Natur. So gut sie gemeint sein mögen, legen sie doch den maßvoll Leistungswilligen eher Steine in den Weg, wenn sie ihnen nicht sogar zu hohe Hürden aufstellen. Statt also auf den verschlungenen Pfaden unerfüllbarer Verheißungen umherzuirren, laßt euch auf einem einfachen, geraden Weg zum Ziel eurerVorstellung von Wohlbefinden führen, schließlich seid ihr keine Roboter. Wer zur späten Einsicht gelangt, daß nur wenige dazu geboren sind, Muskelpakete mit sich herumzuschleppen, dem kann *Formículing* über den zurückliegenden fruchtlosen Muskelaufbau hinweghelfen.

ZUFRIEDENHEIT

»Ach!« - spricht er - »Die größte Freud

Ist doch die Zufriedenheit!!«

– so Lehrer Lämpel im 4. Streich von Wilhelm Buschs »Max und Moritz«, nachdem er sich gemütlich in den Sessel gesetzt und seine Pfeife angezündet hat. Der geniale Dichter und Zeichner beobachtete das Menschliche im Lebensalltag seiner Zeitgenossen sehr genau und hielt ihnen mit seinen Geschichten den Spiegel vor. Was des Meisters spitze Feder da sichtbar machte, hat nicht viel an Aktualität eingebüßt.

Schön und gut, jetzt habt ihr *Formículing* im Kontext mit dem Beispiel braver und biederer Zufriedenheit und lehnt euch entspannt zurück. Doch halt, bleibt wachsam!

»Rums!! – da geht die Pfeife los

Mit Getöse, schrecklich groß, …«

(wegen des Schwarzpulvers, das die bösen Buben heimlich hineingestopft hatten)

Erwiesenermaßen ist die Trainierbarkeit des Körpers (und des Geistes) altersunabhängig. Eine gewisse körperliche Stabilität solltet ihr euch, bei aller sportlichen Genügsamkeit, gerne ein Leben lang erhalten. Tut ihr dafür nichts, welkt ihr dahin. Ein Sprichwort sagt: »Rast ich, so rost ich«., ein anderes: »Stillstand ist Rückschritt«. Am treffendsten drückt es die englische Redensart »Use it, or loose it!« aus: Es ist wissenschaftlich belegbar, daß der natürliche Alterungsprozeß durch Sichgehenlassen ebenso beschleunigt wird, wie durch kräftezehrende Aktivitäten. Beides ist irreversibler Raubbau an eurer Lebenserwartung.

Was ihr erreicht habt, ist wie ein bequemer Sessel. Ruht euch nicht zu lange darauf aus. Seid lediglich mit dem Entwicklungsstand eurer fortschreitenden Veränderung zufrieden; denn die Natur ist dynamisch, Leben ist Bewegung, ist Wachstum und Wandlung. Laßt euch also nicht zur Trägheit verführen. Mit dem Stillstand fallt ihr hinter dem zurück, was naturgemäß an euch vorbeizieht, das Leben entfernt sich von euch, bis ihr viel zu früh in Totenstarre verharrt, weil ihr euch nicht dem Prozeß der fortgesetzten Veränderung des Daseins angepaßt habt. Zwar wächst die einzelne Ameise augenscheinlich nicht, sie ist jedoch in Wachstum und Wandlung der Individualität ihrer Kolonie integriert.

Zwischen Über- und Untergewicht bleibt aus der Perspektive von *Formículing* ein breiter Spielraum. Außerhalb seiner fließenden Grenzen zu geraten, mögen die Betroffenen zwar relativieren, weil sie den Übergang entweder nicht bemerken oder sich selbst etwas vormachen. Ihre Entwicklung geht jedoch unweigerlich von „momentan nicht in Form" über „schon länger außer Form" zu „Deformierung". Und dann wird es langsam kritisch. Namentlich denen, die in ein beeinträchtigtes Wohlbefinden hineingeschlittert sind, möchte ich helfen, wenn sie sich helfen lassen wollen, d. h. wenn sie a) ihr Problem erkannt haben und b) *Formículing* als Sekundärtugend verstehen.

Wie macht euch nun *Formículing* zufriedener?

Erst merkt ihr, vom zunehmenden Wohlbefinden abgesehen, gar keine äußerliche Veränderung. Es dauert eine ganze Weile, Wochen, bis der Wandel eures Erscheinungebildes im vergleichenden Rückblick deutlich wird. Wartet es ab! Aus eurem Handeln im *Formículing*-Bewußtsein geht schließlich mit einem sichtbaren Ergebnis ein tiefes Gefühl der Zufriedenheit hervor.

Das alleine zählt. Gleichwohl müssen wir einen verläßlichen theoretischen Untergrund haben, auf dem wir bauen, was jedoch niemanden zu belasten braucht. Fragen wir uns denn jeden Tag aufs neue, ob das Fundament unseres Hauses sicher ist?

Ihr gewinnt an Spannkraft, ihr fühlt euch stärker, eure Selbstachtung steigt, ihr werdet selbstbewußter. Eure Körperertüchtigung wirkt sich auf alle Lebensbereiche aus. Es gehört weniger als ihr glaubt dazu, so fit zu sein und zu bleiben, daß ihr notfalls die körperliche Anforderung einer Extremsituation aushalten könntet, die euch ohne das bißchen nachhaltig betriebene *Formículing* vermutlich überfordern würde. Irgendwie beruhigend. Und ist es nicht ein schönes Gefühl, außer Folter und Frust auch Geld- und Zeiträuber der Muskelbildungs- und Fitness-Szene hinter sich gelassen zu haben und sich keine Sorgen über schädliche Nebenwirkungen außermedizinischer Rehabilitation machen zu müssen?

Nun soll sich die kritische Wachsamkeit gegenüber der Zufriedenheit nicht ins Gegenteil verkehren. Immer findet man Menschen, die nie zufrieden mit sich sind, die vergleichen, ohne ihre Unvergleichlichkeit zu erkennen, die nicht die Grenzen ihrer Möglichkeiten akzeptieren wollen, die über ihre individuelle Optimierung hinaus nach mehr streben, als die Natur für sie vorgesehen hat. Das Leben straft sie mit der Antwort auf ihre Undankbarkeit.

ELEMENTARES

Denken wir elementar: Mit „alles fließt" (panta rhei) – Hauptsatz des griechischen Philosophen Heraklit (544–483), „alles schwingt" (nada brahma) – schon im alten Indien verwendeter Begriff, um das Wesen der Welt zu erklären (Brahma hier als die Welt und Nada als Klang verstanden) und den vier klassischen Elementen Erde, Wasser, Feuer und Luft ist die Natur aller Dinge umrissen, wenn wir diese noch um die Gravitation und die Rotation ergänzen, die im Kleinsten wie im Größten, von den Galaxien bis zu den Atomen zu beobachten ist. Denn die von uns in ihren Aggregatzuständen fest, flüssig und gasförmig wahrgenommenen Objekte sind energetische Erscheinungsformen ein und derselben 4fach symbolisierten Materie jedweder Mischung, die sich in einem ständigen schwingungsbedingten Transfomationsfluß befindet und dabei, an die Gravitationskraft gekoppelt, Wärme oder Licht ausstrahlt, beziehungsweise absorbiert. Es sei hier ergänzend angemerkt, daß sich die Chinesen schon vor 5000 Jahren mit Astrologie beschäftigten und diese in einen Zusammenhang mit den fünf Elementen Holz, Feuer, Erde, Metall und Wasser brachten. Diese fünf Elemente stellen nach traditioneller chinesischer Auffassung Wandlungsphasen von Prozessen oder Aktionsqualitäten dar. Es handelt sich dabei nicht um Elemente im Sinne von Bestandteilen, sondern um Aspekte dynamischer Abläufe nach dem Gesetz von Yin und Yang, die zyklisch erlebt werden. Entfernt vergleichbar dem Prinzip des Spiels Ching-Chang-Chong (in Deutschland Schnick-Schnack-Schnuck) kann jedes symbolische Element gegen eines der anderen gewinnen und gegen ein anderes verlieren. Hier schlägt Schere Papier, Papier Stein und Stein Schere, dort löscht z. B. Wasser Feuer, verbrennt Feuer Holz (Yang) oder wird als Übergang von einem ins andere (Yin) Asche zu Erde, Erde zu Holz usw. usf. (Die Herkunft des Spiels ist übrigens bis heute nicht vollkommen geklärt und umstritten. Man nimmt an, daß es in Japan schon seit Jahrhunderten gespielt wurde und im 19. Jahrhundert nach Europa gekommen ist).

Mit dieser grob vereinfachten Darstellung ist im Prinzip die materielle und energetische Lebensgrundlage beschrieben, aus der alles weitere unter Einwirkung von undefinierbaren Bildekräften in Raum und Zeit hervorging. Was macht das Dasein aus? Was macht uns aus? Einerseits streben naturwissenschaftlich ambitionierte Menschen genauso wie Goethes Dr. Faust unablässig nach der Erkenntnis „was die Welt im Innersten zusammenhält", und geben sich mit einer bloßen Modifizierung der Urknall-Theorie (Big Bang) noch lange nicht zufrieden. Andererseits sind alle Erklärungsversuche der Ausdifferenzierung zur Welt, in der wir leben, zum Scheitern verurteilt. Denn früher oder später treten wir Gott oder den Göttern mit der Erforschung des Unergründlichen zu nahe, wie die heiligen Schriften aus nach wie vor geltenden guten Gründen warnen. Wo sind die Grenzen, die uns heiliger Geist auferlegt hat? Das herauszufinden ist der eigentliche Antrieb der Gelehrten, die dafür bisweilen nicht einmal unkontrollierbare Experimente scheuen. Vielleicht schlafen wir ruhiger, wenn wir uns in freiwiliger Selbstbeschränkung mit Goethes Aussage "Alles Vergängliche ist nur ein Gleichnis" ameisenhaft damit begnügen, einfach so zu sein, wie die „Lilien auf dem Felde" im Sinne des Bergpredigt-Textes bei Matthäus 6.25. – 29. Die Ameise als Einzelwesen weiß nicht, was sie tut. Vielleicht weiß es die Ameisenkönigin, die sie fernsteuert? Oder das Ameisenkollektiv hat sozusagen ein überpersönliches Bewußtsein aufgrund der Verwandtschaft der Einzelwesen, die in Wechselwirkung handeln? Hier ist weder der Platz über Weltformeln, noch über das Phänomen der Schwarmintelligenz zu philosophieren. Jedenfalls tut Formica einfach, was sie tun muß, mit dauerhaftem Erfolg – und ist ungeachtet ihrer Winzigkeit beispielgebend für ein **be-**

46

denkenloses und beständiges Leben über unvorstellbare Zeiträume, in denen sie extremen klimatischen und geophysikalischen Wechselfällen der Erdgeschichte ausgesetzt war. Auf das Leben von Bewußtseinsträgern wie wir übertragen, wird diese Art Unbedenklichkeit mit **»Gottvertrauen haben«** umschrieben.

Strebt man eine elementare Kräftigumg auf naturnahem Wege an, ist es unumgänglich, sich auf unser urmenschliches Erbe zu besinnen. In uns steckt noch etwas von dem affenähnlichen Baumbewohner, aus dem unsere Art hervorgegangen ist. Wir haben das längst vergessen, aber unser Körper nicht. Das klingt zunächst unwahrscheinlich. Doch berücksichtigen wir, daß die für Menschen typische Y-Kerbung der Mahlzähne als ein äußerst konservatives, genetisch fixiertes Merkmal schon an Schädelfunden von menschenartigen Wesen der Vorzeit nachgewiesen wurde, so sehen wir das mit anderen Augen. Denn mit dieser Entdeckung anhand von Ausgrabungen im Transvaal wurde der Beweis erbracht, daß – mit einem Schlagwort gesagt – Adam aus Afrika kam. Jeder kennt den Greifreflex, der bewirkt, daß man ein wenige Tage altes Baby mit den Händen an einer Wäscheleine aufhängen könnte. Kinder klettern gerne auf Bäume und lieben die Klettergerüste auf den Spielplätzen. Diese Neigung setzt sich etwa mit dem Spaß am Kraxeln in den

Bergen fort. Wir leben ahnungslos mit solchen Überbleibseln der Evolution.

Der Übergang zum aufrechten Gang wird von Paläanthropologen als der entwicklungsgeschichtlich bedeutendste Schritt zur Menschwerdung angesehen. Der Gebrauch der Beine hat dem Vor-Menschen eine neue Freiheit beschert, die Freiheit seine Hände multifunktional einzusetzen und Geräte, Waffen und Kultgegenstände herzustellen, vor allem aber sich das Feuer als Wärme- und Lichtquelle und zum Schutz vor wilden Tieren nutzbar zu machen. Indirekt führte der aufrechte Gang insbesondere auch zur Entdeckung des Garens von Speisen an Feuerstellen und damit zur Verbesserung von Genießbarkeit, Haltbarkeit und Geschmack der Nahrungsmittel. Das Verlassen der Bäume einer üppigen Vegetation stellte unsere affenähnlichen Vorfahren in einer unwirtlichen Steppe auf ihre Füße. Damit mußten sie sich zwangsläufig dem Erdboden anpassen. Unter den Fachgelehrten herrscht keine Einigkeit darüber, was den entscheidenden Impuls dazu gab, mehrheitlich vertreten sie jedoch die Ansicht, daß dieser Umstand die eigentliche Menschwerdung als Folge unserer menschlichen Natur einleitete. Es handelt sich dabei um eine Prädestination, die unseren nächsten Verwandten, den Schimpansen, fehlte, weswegen sie unter den gleichen Lebensbedingungen Affen blieben. Ich möch-

te euch jetzt nicht mit der abgedroschenen pseudophilosphi-
schen Frage langweilen, ob zuerst das Huhn da war oder das Ei,
aber doch eine auffrischende Analogie davon ableiten: Was
war zuerst da, der Mensch oder der aufrechte Gang? Der US-
amerikanische Anthropologe Robert Ardrey drückte es bereits
vor mehr als drei Jahrzehnten so aus: »Vögel fliegen nicht, weil
sie Flügel haben; sie haben Flügel, weil sie fliegen«.

In der biologischen Entwicklungsgeschichte des Menschen
werden natürliche Bedingungen seiner Existenz sichtbar, die
trotz des kulturellen Überbaus wirksam geblieben sind. So ist
unsere angeborene Vorliebe für den körperlichen Einsatz beim
Laufen oder Fußballspielen auf die ursprünglich überlebens-
wichtige Eigenschaft zurückzuführen, schnell auf die zu Beine
kommen und fliehen zu können.

Kinder sind ständig in Bewegung. Sie folgen einem Bewe-
gungsdrang, den sie nach und nach mit dem Heranwachsen
verlieren. Es ist offensichtlich, daß mit der zivilisationsbedingten Integration in die moderne arbeitsteilige Gesellschaft und
dem Kultivierungsprozeß der Lernleistung eine Denaturierung
einhergeht, die negative körperliche Folgen hat. Wären wir ohne diese Wandlung Menschen? Ausgleichssport will ja, wie
schon der Name sagt, den zunehmenden degenerativen Erscheinungen entgegenwirken, kann das aber wegen seiner zu-

meist überzogenen Ansprüche nur bedingt leisten.

Besonders sollte dem naturwidrigen Nichtgebrauch der Beine aufgrund unserer sitzenden Lebensweise gegengesteuert werden. Das ist selbstverständlich Teil des *Formículing*-Konzeptes, welches sich auch empfiehlt, um Störungen der Balance zwischen Körper und Geist zu beheben. Ein tägliches Laufpensum (Walking, Jogging) ist bei körperbewußter Wachsamkeit gar nicht erforderlich. Es bieten sich im Alltag, von *Formículing* abgesehen, ausreichend Gelegenheiten, Wege zu Fuß zu machen und Treppen zu nehmen statt Aufzüge zu benutzen. Wer, einem angeborenen Trieb folgend, seine Hände einmal wieder zum Hangeln gebrauchen möchte, kann sich durchaus mit einem Türrahmen begnügen, um den Weg hinaus in die Natur oder zu einer Kletterwand auskömmlich zu ersetzen.

Wie sind nun die vorstehenden Fakten zu gewichten? Einerseits besitzen wir in Jahrmillionen unter selektivem Druck erworbene, genetisch fixierte Ur-Eigenschaften, andererseits haben wir bewiesen, daß wir fähig sind, alle Widernatürlichkeiten des Industriezeitalters zu kompensieren, die wir uns allerdings erst wenige Jahrhunderte in permanent steigendem Maße zumuten, so daß mögliche gravierende Spätfolgen, über aktuell noch medizinisch kontrollierbare Zivilisationsschäden hinaus, abzuwarten sind. Ich bin da ganz entschieden für vorbeugende

Maßnahmen, die eine Wiederbelebung archaischer Fähigkeiten nutzen.

SPIRITUELLES

Biologisch gesehen, sind wir zwar Tiere, aber gerade deswegen ist das, was uns wesensmäßig darüber hinaushebt, was unser einzigartiges Menschsein ausmacht, Verpflichtung. Wir sollten unserer göttlichen Auszeichnung innerhalb der Fauna durch einen angemessenen Lebenswandel gerecht werden. Das bedeutet zum einen, die in Übereinstimmung mit allen Religionen als Sünde definierte Gottesferne zu vermeiden, indem wir die uns zugedachte, nur intuitiv begreifbare Göttlichkeit als gefühltes Wissen in uns aufnehmen und bewußt trainieren, zum anderen, daß wir im Gegensatz zur religiösen Dogmatik **gerne Tiere sind!** Denn in allen unseren Aktivitäten ist zwangsläufig eine animalische Komponente enthalten, die wir nach göttlicher Vorgabe als Lebensfreude kontrolliert ausleben dürfen, ja, als eigene Tierpflege sogar ausleben müssen.

Genau die daraus resultierende geistige Verfassung, die sich idealerweise in der Körperkultur zivilisierter Gesellschaften ausdrückt, ist mit dem „Reich Gottes" gemeint, danach zu trachten sinngemäß auch die Bibel (bei Matthäus 6.33) Lohn verheißt: »...so wird euch alles andere wie von selbst zufallen.«

Der Weisheitsgehalt der überlieferten Schriften ist unbestreitbar und erlaubt die zeitgemäße Deutung, daß im vorstehenden Sinne „Reich Gottes" als persönliche Vollkommenheit zu verstehen ist. **Die schlichten** *Formículing*-**Übungen werden unbewußt vom Ausloten der eigenen Tiefe begleitet und unterstützen damit die Verwirklichung der Qualitäten unseres Sonderstatus in der Tierwelt.**

Aus der Antike ist der Ausspruch des griechischen Philosophen und Staatsmanns Bias auf dem Weg ins Exil »Omnia mea mecum porto« (All meinen Besitz trage ich in mir) überliefert, der nach der feindlichen Eroberung seiner Heimatstadt Priene fliehen und all sein Hab und Gut zurücklassen mußte. Damit soll er gemeint haben, daß sein wahrer Besitz in seinen Fähigkeiten und seinen charakterlichen Eigenschaften liege – und nicht in materiellen Dingen. In der Tat tragen wir das Wesentliche in uns: Das sind unsere großartigen Anlagen. Es würde dem Sinn unseres Daseins widersprechen, sie nicht zu entfalten.

Die ungläubige Welt läßt nur das rational Erfaßbare oder wissenschaftlich Nachweisbare gelten und mißachtet den unermeßlichen Schatz von Wissen und Weisheit, der in den Traditionen jeder alten Kultur ebenso wie in den Lehren der großen Weltreligionen enthalten ist. Folglich macht sich die törichte Überzeugung breit, Wissenschaft könne eine ganze Kultur mit allem Drum und Dran auf rationalem Wege aus dem Nichts erschaffen. Eine Kultur enthält aber ebensoviel gewachsenes, durch Selektion gewonnenes Wissen wie eine Tierart. Aus dieser sinngemäß wiedergegebenen Feststellung von Konrad Lorenz erschließt sich eine nicht von der Hand zu weisende Vergleichbarkeit mit den Ameisen. Denn in Bezug auf Beständigkeit geben sie ja eine eindrucksvolle Vorlage ab.

Knüpfen wir im Überdenken unseres Strebens daran an, daß schon frühmittelalterlicher Erkenntnis zufolge die wahrnehmbaren Dinge nur die Außenseite der nichtwahrnehmbaren sind (Aurelius Augustinus 354-430 n. Chr.), so sehen wir einen tieferen Sinn in der Betrachtung des *Formiculing* von innen. Es geht letztlich um spirituell verankerte Beständigkeit, die hilft, existentielle Werte für die Nachwelt zu bewahren. Das ist umso wichtiger, je weniger unsere pluralisierte Gesellschaft noch in der Lage ist, einen einheitlichen Maßstab zur Erkenntnis des Überlieferungsfähigen zu finden. Tatsächlich lassen nicht erst seit Einstein die abstraktesten Ergebnisse der modernen Wissenschaft eine vorsichtige Annäherung an den Wahrheitsgehalt der Mystik erkennen, indem sie den vorgenannten Sachverhalten Rechnung tragen.

Zu diesem Gesichtspunkt möchte ich mit einer weiteren Ameisen-Analogie beitragen: Auf einem Gebiet in Nordaustralien, wo sich nach dem Glauben der dort ansässigen Aborigines die »Traumzeit der grünen Ameisen« befindet, wurde Anfang der 1970er Jahre ein gewaltiges Uran-Vorkommen entdeckt. Als die Leute von der Queensland Mines Pty Ltd (Pty, engl. für proprietary; Ltd, engl. für limited) darangehen wollten, das Uran abzubauen und die dort tatsächlich lebenden grünen Ameisen zu stören, drohten die Ureinwohner, jeden umzubringen, der es wage, das Uran anzutasten. Es folgten langjährige Auseinandersetzungen mit der australischen Regierung, die am Ende doch zum frevelhaften Uran-Abbau führten. Sehr eindringlich schildert Werner Herzog dieses Drama in seinem Film »Wo die grünen Ameisen träumen«.

Seit Urzeiten (nachweislich an die 40.000 Jahre) ist in der Vorstellung der Aborigines eine »träumende Landschaft« eine Verkörperung mystischer Wirklichkeiten, welche mit Worten nur schwer erklärbar sind. Die »Traumzeit« sagt, wie alles entstanden ist, und begründet die ungeschriebenen Gesetze, nach denen die Aborigines leben. Die Ereignisse der »Traumzeit« manifestieren sich nach dem Glauben der Eingeborenen in Landmarken wie Felsen, Quellen und Ähnlichem, so auch in Gebieten, »wo die grünen Ameisen träumen«.

Die Evolution geschieht im Zeittakt des göttlichen Schöpfungsprozesses, dessen christlich-symbolische Sechs-Tage-Dauer plus einen Ruhetag für uns der Ewigkeit gleichkommt. Legten wir einen entsprechenden Maßstab an, wenn wir die Ameisen auf die Dauer ihrer Existenz zurückblicken ließen, könnten sie über die Geschichte der Menschheit nur milde lächeln. Hier kehren sich die Größenverhältnisse um, ebenso wie auf andere Weise historische Vorgänge unsere heute gültigen Begriffe auf den Kopf stellen. Man braucht nur Erich von Däniken zu fragen, der mangels einer Erklärung für die Entstehung solcher Monumentalbauten wie z. B. die Cheops-Pyramide, in seinen Bestseller-Publikationen das Mitwirken von Außerirdischen zu belegen versucht. Welträtsel gibt es viele, deren Lösung man im Verlauf über hundertjähriger Forschung auf keine andere Weise auch nur um einen Schritt näher gekommen ist, obgleich andererseits Menschen bereits 1969 auf dem Mond gelandet sind. Während also völlig klar ist, was wir heute können und wozu die alten Ägypter nicht in der Lage gewesen sind, ist umgekehrt ebenso klar, daß die alten Ägypter damals etwas konnten, was wir heute nicht fertigbringen, auch wenn es sich um die Errichtung eigentlich völlig nutzloser Großbauwerke unter unfaßbaren Opfern handelt. Oder war der von einer heute nicht mehr nachvollziehbaren Glaubenskraft angetriebene Aufwand gar nicht so groß, wie wir vermuten, weil wir es nicht verstehen? Ich neige zu der Annahme, daß es wesentlich Größeres im Verhältnis zwischen Göttern und Menschen gab, als die biblische Geschichte die Christenheit lehrt. Die Verfasser des „Alten Testaments" waren genauso wie das altägyptische Fußvolk von den Geheimnissen der Pharaonen und ihres zahlenmäßig nicht unbedeutenden elitären Umfeldes – vornehmlich Priester – ausgeschlossen, sonst hätten sie den spirituellen Hintergrund des zu ihrer Zeit entstandenen Weltwunders reflektiert, gegen das sich ihr Schicksals-Turmbau zu Babel geradezu lächerlich ausnimmt. Bedauerlicherweise mangelte den Hütern der exklusiven Kenntnisse, die solche gewaltigen Gemeinschaftsleistungen ermöglichten, die Kontinuität eines über alle Zeiten fortgesetzten organisierten Ameisenlebens. Gleichwohl erfüllt uns mit Ehrfurcht, daß einst am Nil der sprichwörtliche Glaube waltete, der Berge versetzt.

Auch aus dem „Neuen Testament" erfahren wir nichts über Pyramiden. Stattdessen Fragwürdiges: Blinde sehen, Lahme gehen, Aussätzige werden rein, Taube hören, Tote stehen auf und Wasser wird zu Wein. Das sollen Wunder sein? Wahrhaftige Größe, die unseren Verstand übersteigt, lesen wir aus der Dimension des Universums, aus dem Überdauern geordneter Insekten-Staatswesen in der Zeitspanne zwischen Kreide und heute – und letztlich auch aus der bronzezeitlichen Formung, Herbeischaffung und Auftürmung unzähliger tonnenschwerer

Steinquader zu gigantischen geometrischen Gebilden, als Nordeuropa noch fast prähistorischen Status hatte. **Erweisen wir uns wenigstens würdig, daran im Kleinen durch bewußtes Handeln Anteil zu haben.** Nichts ist unmöglich ... Mag sein, daß die Menschheit eines Tages die Widernatürlichkeiten überwindet, die das Industriezeitalter in ihr Leben gebracht und damit von den ursprünglichen Glaubenskräften abgekoppelt hat, die den Megalith-Kulturen zu ihren erstaunlichen Leistungen verhalfen.

Längst haben die Repräsentanten der etablierten Religionen ihre Glaubwürdigkeit eingebüßt. Trotzdem halten viele Menschen an ihrer Konfession fest, während vermehrt die Zweifler in Ersatzreligionen ihr Heil suchen. Einem solchen Bedürfnis kommt das weite Feld der Esoterik entgegen, die durch Heranziehung okkultistischer, anthroposophischer, metaphysischer u. a. Lehren und Praktiken auf die Selbsterkenntnis und Selbstverwirklichung des Menschen abzielt. ASW, Astrologie, Numerologie, Geistheilung, Engel, Schamanismus, Hexerei (weiße Magie) Aura, Chanelling, Quanten, usw. usf. beschreiben im Grunde genommen einzelne Aspekte des Göttlichen. Beim näheren Hinsehen erkennt man uraltes Wissen in neuen Gewändern, also den Rückgriff auf zeitlos gültige Werte, die einst aus den Lebenserfahrungen von Generationen extrahiert und religiös überhöht wurden. Heute werden diese ursprünglich an Gottgläubigkeit gebundenen universellen Werte oft aus vermeintlich anderen als göttlichen Quellen abgeleitet, durchaus mit Ehrfurcht vor den Mechanismen des andauernden kosmischen Schöpfungsaktes.

Es stimmt nachdenklich, wenn ausgerechnet ein so armes Land wie Bolivien vor diesem Hintergrund in die Umweltschutzoffensive geht. Dort wurde ziemlich aktuell, nämlich im Jahr 2013, ein Gesetz zum Schutz von Pachamama, der Mutter Erde, verabschiedet, das die Natur mit eigenen Rechten ausstattet. Es setzt voraus, daß die Natur nach dem Willen der Schöpfung eigene Grundrechte hat und stellt den Zusammenhang zwischen der menschlichen Entwicklung, der Entwicklung der Natur und dem Übernatürlichen mit der frommen Absicht her, auf der Erde die kosmische Harmonie wiederherzustellen. Dieser Wechsel von einer Sichtweise, bei der der Mensch im Mittelpunkt steht, hin zu einer Sichtweise, bei der die Natur im Mittelpunkt steht, entspringt der regionalen Wiederentdeckung und -belebung magisch-mystischer Traditionen, deren Berücksichtigung als realistische Möglichkeit eines Gegenentwurfes zum homo economicus Respekt abverlangt.

Auch wenn es anders aussieht, so ist *Formículing*, genau genommen, eine spirituell begründete Körperertüchtigung, wie sie z. B in anderer, wesentlich strengerer Form aus den Anfängen des Shaolin-Klosters überliefert ist, wo Bodhidharma seine Mönche zum Ausgleich ihrer stundenlangen Meditationsexerzitien spezielle gymnastische Übungen durchführen ließ. Letztere wurden dann ohne das direkte Ziel der Erleuchtung zu den berühmten Kampfkünsten weiterentwickelt, um den angewachsenen Reichtum des Klosters schützen zu können. Wir gehen jedoch weniger kompliziert und mental weniger anspruchsvoll vor, eben mit **Muskelbildung light,** ameisenhaft. Das kann man unterschätzen.

Noch einmal:

In der *Formículing*-Sprache bedeutet »Trachtet am ersten nach der Vollkommenheit ...«, daß die Kehrseite der Medaille unserer pragmatischen Körperertüchtigung eine Heiligungskomponente selbst im Verrichten der unscheinbarsten Dinge des Alltags beinhaltet. Daran zu glauben und darauf zu vertrauen, bringt ohne Zweifel Segen. Doch will ich euch mit meinem an sich profanen Anliegen natürlich nicht den Himmel versprechen.

Es scheint sich bei alledem um die übertriebene Verklärung eines banalen Übungssystems zu handeln. Bedenkt aber, daß der Anblick eines Apfelkerns den ganzen darin angelegten Baum vor eurem geistigen Auge erscheinen läßt, und vergeßt nicht, daß es bis heute maßgeblich von altbewährtem Wissen abhängt, was aus dem Kern eures Tuns wächst, der in den Ernst des Lebens gesenkt wurde. »An ihren Früchten sollt ihr sie erkennen«. (Matthäus 7.20).

Viele Worte im scheinbaren Gegensatz zur angestrebten Einfachheit meiner *Formículing*-Darstellung. Wenn ihr aber – unabhängig von irgendeiner Religionszugehörigkeit – etwas vom Unbegreiflichen, das meine Anmerkungen zur Spiritualität andeuten, mit in eure Übungen nehmt, wird aus diesem Verpuppungsgespinst schließlich ein prächtiger Schmetterling hervorgehen. Schaden kann es jedenfalls nicht, der Verbesserung eurer welthaften Existenz einen spirituellen Rahmen zu geben. Die Würdigung aller bis hierher behandelten Einzelheiten macht aus eurem *Formículing* mehr als die Summe seiner Teile. Ich kann allerdings jeden verstehen, dem diese Unterlegung des *Formículing* unangemessen erscheint. Lassen wir die Kirche im Dorf. Es genügt ja wirklich, einfach zur Tat zu schreiten und die Folgen abzuwarten. So oder so leistet ihr mit der Aufwertung eurer Individualität einen nützlichen Beitrag für die Gesellschaft.

RANDBEDINGUNGEN

Habt ihr bis hierhin aufmerksam gelesen und den Sinn der vorstehenden Kapitel erfaßt, dann werdet ihr stets im erweiterten Bewußtsein an *Formículing* herangehen, daß Ihr damit über bloße Körperertüchtigung hinausgeht.

Wer mit den hier besprochenen Gesichtspunkten übereinstimmt, die insbesondere eine Mitverantwortung für die eigene Gesundheit einfordern, sieht sich einer durch das Internet potenzierten Ratgeberschwemme gegenübergestellt, davon nur eine Auswahl zu befolgen, der Tag mehr als 48 Stunden haben müßte. Laßt euch nicht verwirren! Jeder merkt intuitiv, was für ihn persönlich gut ist, und weiß außerdem aufgrund des heutigen allgemeinen Bildungsstandes, was die Empfehlung meint, die auf manchen Briefchen von Kräuterteebeuteln zu lesen steht: »Bitte achten Sie auf eine ausgewogene abwechslungsreiche Ernährung sowie eine gesunde Lebensweise«.

Die Besinnung darauf stellt freilich die eigene Wahrhaftigkeit auf die Probe. Na klar, die Konsequenz kostet Überwindung – oder ein schlechtes Gewissen, das allerdings gesundheitsschädlicher als die kleine Sünde sein kann, die man sich als Ausnahme erlaubt. Denn unser Wohlbefinden hängt allein davon ab, was wir **regelmäßig** treiben.

Eine individuelle Trennung der Spreu vom Weizen des alterna-

tiv-medizinischen Überangebots zu versuchen, ist ein zweifel-
haftes Unterfangen. Verlaßt euch stattdessen auf euer natur-
gegebenes Gefühl und haltet euch das erste Gesundheitsgebot
vor Augen, das lautet: Vorbeugen ist besser als heilen. Ihr wißt
es, und weil ihr es wißt, seid ihr hier gelandet.

Ja, *Formículing* wäre nicht *Formículing*, wenn es eingedenk der
beschriebenen Zusammenhänge auf die anstrengenden Abhär-
tungsübungen und Hochleistungs-Entbehrungen der Asketen
hinausliefe. Ideale sollen die Qualität des von ihnen verschiedenen wirklichen Lebens anheben. Mehr nicht. Beim ameisen-
bescheidenen Streben, geht es vordergründig um die Frage,
wie und warum wir uns mit naturgemäßen Wachstumsreizen
für die Muskeln beschäftigen. Damit komme ich zur Abrun-
dung des *Formículing*-Bildes auf die animalische Komponente
unserer Aktivitäten zurück (S. 51).Ist es nicht so, daß uns erst
eine kontrollierte Irrationalität zu Menschen macht? Interes-
santerweise gibt es hier eine Analogie zum Phänomen der
nützlichkeitsfreien Verzierung von Gebrauchsgegenständen,
das bereits in vorgeschichtlicher Zeit nachweisbar ist. Statt
stumpfsinniger Workouts empfehle ich, die allein dem Menschen eigene Neigung zum **Zweck ungebundenen** Gestalten,
wie sie auch in der Musik deutlich wird, beim Anstreben einer
gesunden, vitalen Verfassung zu berücksichtigen. Auf *Formí-*

culing übertragen heißt das beispielsweise, daß bloße Bewegungen zu Gesten, ein paar Schritte zum Schreiten, ein paar Worte zum Wohlklang veredelt werden können. Eigentlich handelt es sich in diesem Sinne um ein fortwährendes müheloses Training der Vollkommenheit, wo auch immer ihr im Wachzustand seid. Ihr dient mit der Vergegenwärtigung eures profanen Tuns der Verbesserung eurer Bewußtseinshelligkeit in allen Lebenslagen. Neben einer solchen auf Harmonie bedachten Achtsamkeit können die *Formículing*-Übungen noch besser zur Lebensfreude beitragen, zur Instandsetzung und Erhaltung eurer mit der Zivilisation in Konflikt stehenden Ur-Natur, wenn ihr einige an sich selbstverständliche **Randbedingungen** erfüllt, ohne den Hauch einer aufgezwungenen Last, ganz entspannt im Hier und Jetzt und entgegengesetzt dem fremdüberwachten Verhältnis der Menschen zu mittelalterlichen Sündenkatalogen. Über Rauchen und Saufen brauchen wir uns gar nicht zu unterhalten und natürlich auch nicht über die Extremfälle der bereits im frühen Mittelalter von der katholischen Kirche formulierten 7 Todsünden, soweit sie hier relevant sind, unabhängig davon, daß die Warnung davor ihre Berechtigung hatte und immer noch hat. Kennt ihr Sie? Hier genügt es zu wissen, daß sie uns das Übel der Maßlosigkeit anhand wesentlicher Aspekte des Lebens vor Augen führen.

Interessiert ihr euch für *Formículing*, interessiert ihr euch auch für eure Gesundheit. Laßt uns also frei von Vorschriften einen milden Blick auf eure Lebensgewohnheiten werfen. Denn wenn sie bestimmte Voraussetzungen erfüllen, steigern sie die Effizienz eurer *Formículing*-Übungen. Mit dem Universum der Maß-, Gewichts- , Prozent- und Mengenangaben, die auf statistischen Erhebungen und ihrer unzuverlässigen medizinischen Interpretation basieren, kommen wir nicht weiter, zumal die daraus entwickelten und medial verbreiteten Richtwerte der WHO (Weltgesundheitsorganisation) sich ständig ändern.

Eine gesunde Lebensweise hängt von Körpergröße, Konstitution, Geschlecht, Umfeld, persönlicher Vorliebe und manches mehr ab. So lebt z. B. ein Vegetarier nicht mehr und nicht weniger gesund als jemand, der eine ausgewogene Mischkost mit Fleischanteilen bevorzugt, und ebenso verhält es sich mit Yoga im Vergleich zu Jogging, und die Gesundheitsanforderungen an einen asiatischen Reisbauern sind sicherlich andere als die an einen Fellachen im vorderen Orient. Doch entsprechend gemeinmenschlichen Verhaltensweisen wie Lachen oder Weinen, gibt es gemeinmenschliche Grundsätze der Gesunderhaltung. Sie gelten weltweit bis in die entlegendsten Winkel der Erde. Es ist wie mit den ungeschriebenen Regeln des Verhaltens, des Handelns, die Kinder unbefangen einhalten, bis die moderne

Rechtsverdrehung sie verdirbt. Sogenannte Naturvölker regeln ihren Umgang nach einem Kodex, der auch in unserer fortgeschrittenen Zivilisation, trotz aller Paragraphen, tief verwurzelt ist. Jeder hat einen Begriff von Lüge, von Betrug, von Neid, von Schuld, von Treue, von Ehre, von Fairness, von Respekt, von Würde, von Ehrfurcht, von Solidarität und anderen ethischen Grundbegriffen mehr, die in den Katalog von Anstand und guten Sitten fallen. Das ist der übergeordnete Aspekt, die hier in Rede stehenden **Randbedingungen** für gutes *Formiculing* zu formulieren. Wer auf sich aufpaßt und in sich hineinspürt, braucht keine Details. Vernehmt die Stimme der Vernunft, die Resonanz der Schwingungen des Weltgeistes als harmonischen Dreiklang von Körper, Kraft und Geist in euch, wenn ihr mit mir folgenden essentiellen Fragen nachgeht:

WAS UND WIEVIEL TRINKEN?

Da der menschliche Körper etwa zu 65 % aus Wasser besteht, ist die Nahrungsaufnahme-Bilanz daran anzugleichen. D. h. trockene Nahrung oder Nahrungskonzentrat verlangt nach Ausgleich auf den o. g. Wert. Dementsprechend sollte sich unsere flüssige und feste Nahrung im arithmetischen Mittel zusammensetzen, plus einem über den Tag verteilten Flüssigkeits-Zuschlag (Ausgleich der Entwässerung über Transpiration, Atmung und Ausscheidung), der normal bei einem halben Liter liegt, bei außergewöhnlichem Flüssigkeitsverlust z. B. durch sportliche Hochleistung oder wenn man extremer Hitze ausgetzt ist, deutlich darüber. So einfach ist das. Indikator einer diesbezüglichen Ausgewogenheit ist die nicht zu feste und nicht zu weiche Beschaffenheit unserer Auscheidung beim Stuhlgang. Die pauschale Bedarfs-Vorgabe von mindestens 1,5 l Wasser/Tag, ist ein Unsinn, den Trinkwasser-Großproduzenten in den 1990er Jahren in Mode gebracht haben. Eine solche Empfehlung ist nur dann wirklich begründet, wenn man sich widernatürlich große Mengen an Konzentraten, Trockennahrung oder Reizstoffe zuführt, etwa Süßigkeiten, Kekse, Salziges, Kaffee, Schnaps. Vorsicht bei allem Eßbaren, das übermäßige Flüssigkeitszufuhr erfordert! Es ist nicht nur ungesund, weil es durstig macht. Andererseits verdurstet man ganz ohne Wasser unter normalen Umständen nach drei bis vier Tagen, während von Fällen berichtet wird, da Menschen bis zu 60 Tage ohne feste Nahrung ausgekommen sein sollen. Was sind das für Interessen, die geflissentlich über die Tatsache hinweggehen, daß der Flüssigkeitsbedarf des Menschen im Prinzip seit dem Paläolithikum unverändert geblieben ist? Natürlich spielt bei der Getränkewahl die Qualität eine Rolle. Wenn meine Kinder behaupteten, durstig zu sein, und ihre Lust auf eiskalte

Coca-Cola oder andere süße Limonade offensichtlich war, die in der Kehle die Illusion der Erfrischung vermitteln, dem Magen aber, von der Zusammensetzung abgesehen, eher unbekömmlich sind, habe ich sie zum Wasserhahn der Wahrheit geschickt. Wasser ist der beste Durstlöscher, und das Trinkwasser, das nahezu unbegrenzt aus den Wasserleitungen kommt, braucht in unseren Breiten tatsächlich keinen Vergleich mit Mineralwasser zu scheuen. Ein wenig beachtetes Phänomen ist übrigens, daß die Wüstensöhne heißen Tee trinken und damit im Körper einen Kühlreflex provozieren, umgekehrt der Körper die innere Heizung anwirft, wenn ihm Kaltes zugeführt wird. Soll heißen: Am bekömmlichsten ist eine neutrale Getränketemperatur. Für wen Zweifel bestehen, ob er die richtige Menge trinkt, der Prüfe seinen Urin. Leicht stechender Geruch und dunkle Farbe weisen auf Flüssigkeitsmangel hin. Findet heraus, wieviel ihr braucht, damit euer Urin einen milden Geruch und zitronengelbe Farbe hat. Die volkstümliche Vorstellung, mit viel Wasser Gift und Schlacken aus dem Organismus zu spülen, hört sich gut an. In Wirklichkeit ist die Befreiung des Körpers von unbrauchbaren oder giftigen Stoffen ein langwieriger, nicht beschleunigbarer biochemischer Prozeß. Um den Flüssigkeitsüberschuß rasch loszuwerden, sorgt aber das Herz mit erhöhter Pumpleistung und Bluthochdruck sowie Strapazierung der

Nieren für eine von Natur aus konstante Flüssigkeitsmenge im Körper. Ein Zuviel pinkeln wir als reines Wasser aus.

WAS UND WIEVIEL ESSEN?

Milch und reine Fruchtsäfte sind eher Nahrungsmittel als Getränke. Darum beziehe ich sie in die Ernährungsfrage ein, in der es nach zuvor gesagtem nur darum gehen kann, das Wesentliche zum Umsatz fester Nahrungsstoffe hervorzuheben.

Fein speisen ist im Unterschied zur Ernährung ein Luxus, der über das Lebensnotwendige hinausgeht, wenn wir einmal das Ausnahme-Moment der Kulturleistung als menschliches Lebenselexier außer Acht lassen. Damit unsere Gesundheit im Lot bleibt, empfiehlt es sich jedenfalls, Maß zu halten und mit Verstand zu genießen.

Die Ameise hat seit unendlichen Zeiten die für sie optimale Ernährungsart beibehalten. Man kann das Erfolgsmonotonie in den konservativen, fast ewigwährenden Lebensabläufen dieses Insektes nennen. Im Gegensatz dazu haben sich die Lebensabläufe des Menschen mit der Zivilisation dramatisch gewandelt. Trotzdem sind wir beim Essen nach wie vor ur-menschlichen Grundbedürfnissen unterworfen, ohne daß wir uns dessen bewußt sind. Die Zerebralisation des Menschen war zweifellos an die Entwicklung seiner Ernährung gekoppelt, doch sind wir mittlerweile in eine diesen Effekt eher umkehrende Ernährungssituation geraten. Aus jahrmillionenlangem Hunger kommend, gefährden wir nur allzu leicht unsere Gesundheit durch den exzessiven Konsum aus industriemäßig produziertem Überfluß oft fragwürdiger Qualität.

Was tut der dem Neolithikum entsprungene Mensch im Schlaraffenland? Entweder er erweist sich seines Beinamens »sapiens« (lat. vernunftbegabt) würdig oder er frißt sich krank. Die Stimme der Vernunft dringt nur schwer durch den Schall der Werbepsychologie. Selbstverständlich wissen das die wetteifernden Großunternehmer. Paßt auf euch auf, tappt nicht in die von ihnen ausgelegte Steinzeitfalle eurer Ur-Erinnerung, die zu übermäßigem Konsum verleitet. Vergessen wir nicht, daß die Qual der Wahl aus einem jederzeit verfügbaren, überwältigenden Angebot für uns etwas relativ Neues ist.

Nach mehreren hunderttausend fleischverzehrenden Generationen treten plötzlich Vegetarier und Veganer auf den Plan. Wenn wir alle jedoch den lebenserhaltenden Mechanismus beibehalten müssen, körperfremde in körpereigene Stoffe umzuwandeln, dann wird nach uralter Tradition ein Tier durch seinen Verzehr zum Menschen und damit nach ethischen Gesichtspunkten in ein höheres Dasein überführt. Letztlich hilft hier nur, sich darauf zu besinnen, daß in Bezug auf Essen jeder einen angeborenen Begriff davon hat, was für ihn gut ist.

Was ist zutreffender: Die immer wieder gerne zitierte alte Weisheit »Du bist, was du ißt« oder ihre Umkehrung »Du ißt, was du bist«? Verdeutlichend gefragt: Sind wir so, wie wir sind, weil wir dies und das essen, oder essen wir dies und das, weil wir so sind, wie wir sind? Die auf Tiere zutreffende Antwort ist eindeutig. Z. B. fressen die Kühe auf der Weide Gras, weil sie Kühe sind, auch wenn ihre allgemeine Verfassung sicherlich mit von der Beschaffenheit des Weidegrases abhängt. Diesen Sachverhalt auf das komplexe Wesen des Menschen zu übertragen, führt jedoch zu philosophischen Überlegungen, für die hier der Platz fehlt.

Wollt ihr nichts falsch machen, so haltet als Erwachsene einen mengenmäßigen Richtwert von durchschnittlich nur einigen 100 g feste Nahrung pro Tag ein und eßt eher naturbelassenes Obst, Gemüse, Getreide und Speiseöl als die denaturierten Produkte aus den Fabriken, verzehrt überwiegend schonend behandelte Lebensmittel, reichlich Eiweiß in jeglicher schmackhaften Form und bekämpft eure Lust auf Süßigkeiten; denn daß der Geist den Körper baut, trifft natürlich auch und in besonderen Maße auf unsere Selbstkontrolle in Sachen Ernährung zu, die in Verbindung mit unserem wichtigsten Lebensmittel betrachtet werden muß: der Atemluft. Folgerichtig

maßen die alten Hochkulturen, über den Aspekt der bloßen Ernährung hinaus, dem Atem als Mittler spiritueller Pfade eine
hohe Bedeutung bei und immerhin werden heute im Yoga Pra-
nayama geübte Atemtechniken wiederbelebt, die der Regeneration von Lebensenergie und der Steigerung von Bewußtseinshelligkeit dienen sollen.

Man kann schon einmal aus Versehen oder weil man einer Versuchung erliegt, etwas Falsches essen. Gar nicht so selten stehen wir aber vor der Konfliktsituation, zu entscheiden, ob wir
uns aus Höflichkeit, Rücksicht, Anpassung oder Kampf-dem-
Verderb Energie raubende Ernährungsfehler zumuten sollen. Es
ist hier, wie auch sonst im Leben, gegen jede aufkommende
Schwäche zu fragen, wer oder was es wert ist, daß wir ihm
einen Teil unserer Gesundheit opfern, und sei er auch noch so
klein.

WIE ESSEN UND TRINKEN?

Apropos alte Weisheit: »Du bist, was du ißt«. Eigentlich müßte
hinzugefügt werden: »... und wie du ißt«, weil Ernährungsfehler fast weniger in der Substanz als im Eßverhalten zu finden
sind. Selbstverständlich wird die Bekömmlichkeit einer Mahlzeit von der gepflegten Eßkultur mitbestimmt, in erstet Linie jedoch von der Berücksichtigung der natürlichen Verdauungs-

prozesse, die schon im Mund beginnen. Zunächst geht es dort um gründliches Kauen und dann weiter um den Weg, den das Gegessene bis zur Ausscheidung des nicht Verwerteten nimmt. Die Schilderung dieser Vorgänge im Einzelnen gehört nicht hierher. Wichtig ist nur zu wissen, daß unsere Gesundheit zum einen davon abhängt, daß wir uns nicht nur auswendig, sondern auch inwendig sauber halten, zum anderen, daß die Zeitabstände in denen wir speisen, der Funktion unserer Verdauungsorgane gerecht werden. Viele, die peinlich auf Reinlichkeit bedacht sind, müllen sich leichtfertig mit Nahrungsdreck voll, zum eigenen Schaden obendrein in zu kurzen Intervallen, nach dem Diktat des hektischen Arbeitsalltags, so daß der im Darm erst unvollkommen fermentierte Nahrungsbrei durch neue Magenzufuhr vorzeitig eine Verdauungsstufe weitergeschoben wird, kaum daß Zeit bleibt, außer Kohlehydrate ausreichend Lebenswichtiges zu assimilieren. Falsches Essen, sowohl was die Art und Weise, wie auch die Menge und die Zusammensetzung betrifft, kann dauerhaft ohne Frage die Gesundheit beeinträchtigen. Ich lege euch ans Herz, ungefähr einen Vierstundentakt der Nahrungsaufnahme – Trinken ausgenommen – einzuhalten und die Bekömmlichkeit eurer Ernährung ganz einfach mithilfe eurer wachen fünf Sinne zu kontrollieren. Widersteht auf jeden Fall der Versuchung, stattdessen eine ungesunde Lebensweise mit Vitamin- und Mineralstoff-Präparaten ausgleichen zu wollen. Nebenbei bemerkt, verhält es sich aus hygienischer Sicht analog mit der geistigen Nahrung als gleichgewichtiger Komponente dessen, was wir in uns hineinlassen. Z. B. führt der übermäßige Konsum seichter, brutaler oder voyeuristischer Fernsehunterhaltung zu mentalen Vergiftungserscheinungen, zur Blockade der Entwicklung von Bildekräften für ein höheres Dasein. Denn das Blut, das durch unser Gehirn fließt, nimmt daraus ständig Informationen mit, die es auf alle unsere Körperzellen überträgt und im Widerstreit oder in Übereinstimmung mit unserem idealen Selbst subtil Gestalt annehmen läßt. Dieser Vorgang kann allerdings durch *Formículing* in einem Rückkopplungsprozeß beeinflußt werden.

SINNE

Die Wechselbeziehung zwischen unserem Wohlbefinden und der Qualität unserer sinnlichen Wahrnehmung weist auf einen wichtigen Aspekt des erweiterten Körperpflege-Begriffs hin, der seine Erörterung im Zusammenhang mit *Formículing* nahe legt. Die Sinnesorgane sind Teile des Körpers und funktionieren nur so gut, wie der ganze Körper inwendig und auswendig funktioniert

Dicke sind oft Frustesser. Die *Formículing* vermittelte Öffnung ihrer Sinne kann sie zum Ursprung ihrer unterdrückten Emotionen und von dort aus über einen neuen Lösungsansatz weiter zur mentalen wie körperlichen Bewältigung ihrer Konflikte führen. Das am Beispiel des psychosomatisch bedingten Übergewichts dargestellte Prinzip ist auf fast jeden übertragbar. Abgestumpfte Sinne sind geradezu ein Indiz zivilisationsbedingter Denaturierung. Viele sind kaum noch in der Lage zu unterscheiden, ob sie hungrig, durstig oder müde sind, vielleicht auch nur mitteilungs- oder liebebedürftig, wissen solche Empfindungen weder rational noch intuitiv zu deuten. Dabei könnte ihr Körper sie blitzschnell und zuverlässig informieren. Die angeborene, aus dem aktiven Beziehungsgeflecht der Sinneseindrücke resultierende Intuition ließe sich ja ameisenleicht wiederherstellen. Mühelos, nur durch Angewöhnung von etwas mehr Achtsamkeit, die damit beginnen kann und sich auf unser Leben überträgt, daß wir für die kurzen Momente der Durchführung unserer Übungen, etwa im Sinne des ZEN-Geistes, bei der Sache sind (»Wenn du sitzt, dann sitze, wenn du stehst, dann stehe, wenn du gehst, dann gehe«). Denn: **Alles wird besser, wenn eines besser wird.**

Essen und Trinken ist mit Sinneserlebnissen verbunden, die weit über den Genuß einer Mahlzeit hinaus bis in spirituelle Dimensionen reichen. Das deuten z. B. die mit großem Enst gepflegten Speiseopfer-Rituale an, die weltweit immer noch vielerorts gepflegt werden, im Abendland jedoch nur noch als rudimentäres Fortleben einer mystischen Vergangenheit an Erntedankfesten erkennbar sind. Nicht anders verhält es sich bei der Umsetzung des menschlichen Kunstsinns, der bei ganz profanen Dingen des Lebens beginnt und bis zum Grenzbereich ins Übersinnliche führt. Wir empfinden das ganz deutlich beim Besuch historischer Monumente wie Stonehenge, die Pyramiden von Gizeh, die Akropolis, die Kathedrale von Chartres und vielen anderen eindrucksvollen Stätten, die als Zeugen teils Jahrtausende alter Kulturen in das Register des Weltkulturerbes der UNESCO aufgenommen worden sind. Wir empfinden das eigentlich bei jedwedem bedeutenden Kunstwerk ebenso wie bei der Faszination, die von technischen Hochleistungsgeräten ausgeht.

Wie wir Eindrücke verarbeiten, hängt vom Grad der Beschädigung unserer Erlebnisfähigkeit ab. Das ist auch eine Frage der Fitness unserer Sinnesorgane, vornean unserer dualen Sehleistung, die sich aus gleichzeitigem Erkennen und Orientieren zusammensetzt, wobei durch Bildschirmarbeit, Fernsehen, Lesen und vor allem ständige Beschäftigung mit dem Smartphone raumorientiertes Sehen kaum noch stattfindet und verkümmert. Von scharfen Sinnen unterstützte Wachsamkeit war in vorgeschichtlicher Zeit überlebensnotwendig. Im Gegensatz zum Erfordernis dieser Bewußtseinshelligkeit steht ein für Stadtmenschen typischer Lebenswandel ohne die Sinne ausreichend einzusetzen und geistig zur Entfaltung zu bringen, also ein vom hohen Stand unserer Kultur über einen sinnentbehrenden Abstieg geradewegs in die Sinnlosigkeit führendes Dasein. Durch leichtfertige Abstumpfung der Sinne wird Feinsinnigkeit auf Grobsinnigkeit vermindert, und damit werden Wahrnehmung, Denken und Handeln sinnentleert. Potentiell seht, hört, riecht, fühlt und schmeckt ihr mehr als ihr denkt! Vollzieht nur einmal den kleinen Test pars pro toto nach, den mein Chemie-Lehrer zu meiner Schulzeit im Unterricht durchführte, um uns von der Eignung des Geschmackssinns als einfachen Säureindikator zu überzeugen, der es mit aufwändigen Verfahren oder teuren Apparaturen aufnehmen kann: Probiert aus zwei Eimern voll Wasser, welchem von beiden ein Tropfen Zitronensaft hinzugefügt wurde. Es war für uns wirklich auf Anhieb herauszufinden. Glaubt mir jedenfalls, daß es eine Korrelation zwischen gesunden Sinnen und einem fitten Körper gibt.

Hier nun ein Seitenblick auf die Wunderwelt der Sinnesleistung unserer staatenbildenden Insektenfreunde, die Ameisen, um so die Bedeutung der von den Sinnesorganen hergestellten Verbindung zur Umwelt anhand eines Musterexemplars en miniature zu verdeutlichen: Ameisen verfügen über ausgezeichnete Sinnesorgane. Ihre Komplexaugen liefern den Ameisen zwar ein relativ unscharfes Bild im Vergleich zum menschlichen Auge, und das für sie sichtbare Farbspektrum beginnt erst nach dem langwelligen Rot, reicht jedoch bis in den kurzwelligen Bereich des Ultravioletts hinein, das wir nicht sehen können. Auch erkennt das Ameisenauge polarisiertes Licht, was eine Orientierung am Sonnenstand bei bedecktem Himmel ermöglicht. Wenn Ameisen draußen weitere Wege zurücklegen, finden sie trotz des sich ändernden Sonnenstandes ohne Schwierigkeiten zu ihrem Bau zurück, nutzen dazu auch Geländemarken und Duftspuren. Wunderbar genug ist schon, daß Ameisen Temperaturunterschiede von 1/4° C wahrnehmen und daß sie Schrillgeräusche im Ultraschallbereich durch Reibung waschbrettähnlicher Rippen an der Körperunterseite erzeugen, wenn sie in eine Notsituation geraten. Diese Geräusche werden nicht als Schallwellen durch die Luft, sondern durch Vibration des Untergrundes übertragen und mit den Beinen empfangen (gehört). Von allen Sinnesorganen der Ameisen sind aber am erstaunlichsten ihre Fühler, mit denen sie neben Luftströmungen und Temperaturen vor allem tasten, riechen und schmecken, und zwar mit unfehlbarer Präzision und tausendmal differenzierter als jeder Mensch. Ameisen tasten und riechen sich in ihrem Bau durch das ausgedehnte Gewirr von Gängen und Kammern und finden sich mit absoluter Sicherheit in diesem völlig dunklen Labyrinth zurecht, während sie ihre unterschiedlichen Arbeiten mit dem gleichen Tempo wie draußen verrichten.

Was für ein Chaos würde im Ameisenbau schon bei der geringsten sensorischen Körperstörung entstehen! Eine Beeinträchtigung der Sinnesorgane, wie sie sich der zivilisierte Mensch leistet, wäre der Untergang eines Ameisenvolkes. Das sollten wir bedenken.

Keine Sorge Freunde, hier ist ja nur von Randbedingungen die Rede, die einzuhalten vorteilhaft wäre, und nicht von unabdingbaren Voraussetzungen für *Formículing*-Erfolge. Na klar, jeder kleine Fehler raubt etwas Energie. Aber logischerweise macht sich Vitalitätsverlust erst in der Summe der dauerhaften Vernachlässigung von Sekundärtugenden bemerkbar, die etwa sind: Gesunde Ernährung, die ich hier bewußt herausgestellt habe; Pflege unserer Sinnesorgane; ausreichend Schlaf auf guten Schlafunterlagen in einem ruhigen Umfeld und frischer Luft; vernünftige, nicht beengende Kleidung, hier vor allem bequemes Schuhwerk; viel moderate in den Alltag integrierte Bewegung; Rituale pflegen; Pausen einhalten.

Inwieweit die vorstehenden Fragen ins Gewicht fallen, hängt

von euren Defiziten ab. Findet es ohne ihre Überbewertung für euch persönlich heraus.

Äußerst seltene Exemplare unter prominenten rüstigen Ü90ern, die kaum etwas von alledem beachtet haben, liefern den Drückebergern, die die Verantwortung für ihre Gesundheit gerne den Ärzten übertragen, leider ein willkommenes Alibi mehr, selbst das bißchen *Formículing* oder dergleichen sein zu lassen. Mit der Ausrichtung an solchen verblendenden Negativ-Beispielen hoher Lebenserwartung wird in der Regel der Vorwand für Untätigkeit und Ignoranz in trauriger Gestalt leibhaftig. Weniger als *Formículing* kann kaum angeboten werden, um euch zu dem Lebewesen, als das ihr gedacht seid, im Ganzen zu normalisieren und damit auch Störungen verschwinden zu lassen, die wir gerne als spezifisch ansehen, obgleich sie in Wirklichkeit nur die Teilbeschädigung eines im langen Menschwerdungsprozeß optimierten Systems sind.

Maßgeblich ist die geistige Einstellung, die im Widerspruch zu aller Theorie die unwahrscheinlichsten Selbstregulationskräfte in Gang setzt, sozusagen als Placebo-Effekt einer Überzeugung. Ein extremes Beispiel dafür mögen Berichte über die Wirkung von unbeabsichtigten Placebo-Operationen sein: Demnach schnitt man Patienten nur auf, machte nichts und nähte sie wieder zu. Die Ergebnisse sollen genauso gut wie bei tat-

sächlichen Operationen gewesen sein. Einen hierzu gegensätz-
lichen Effekt zeitgt die Hypochondrie, die Einbildung des Er-
kranktseins.

VERMEIDBARES

Laut dem aktuellen Forschungsstand soll es möglich sein, daß
Menschen zukünftig 120 Jahre alt werden. Mal ehrlich: Wer
wünscht sich eine solche Lebenserwartung? *Formículing* ver-
folgt lediglich den Sinn und Zweck, ein von der Natur vorgegebenes Mindestmaß an gesunder Lebensführung zu vermitteln,
das vielleicht vorzeitigem Altern entgegenwirkt, auf jeden Fall
aber die Lebensqualität für die vorbestimmte Zeitspanne unseres Daseins ohne großes Zutun anhebt. **Der** Wissenschaftler
werfe den ersten Mißbilligungsstein, der frei von Fehlern ist,
die sein Leben auf weniger als 120 Jahre verkürzen können!
Sehr viel wurde zu allen Zeiten zum Thema Lebensverlängerung spekuliert, probiert und verbreitet. Die heutigen Heilkun-
digen sind vernünftigerweise von der Verheißung des ewigen
Lebens abgerückt, wie auch kein Naturwissenschaftler mehr
versucht, gleich den Alchimisten Gold zu synthetisieren. Es sind
aber immer noch genügend da, die Methoden und Präparate
für den Zugewinn an Jahren anpreisen wie der glatzköpfige Fri-
seur sein Haarwuchsmittel. Haben wir denn überhaupt Einfluß

auf unsere Lebensdauer? Doch, haben wir, weil wir zwar einerseits davon ausgehen müssen, daß an unseren Genen wenig bis gar nichts zu ändern ist, wir jedoch andererseits eine **selbstverschuldete Verkürzung der uns angeborenen Zeitspanne vermeiden** können. Und das ist der springende Punkt!

Die Jahresstatistiken weisen Sterbefälle im Straßenverkehr, bei Flugzeugabstürzen oder sonstigen Unglücksfällen aus, zählen jeden Mord und Totschlag, jedes Opfer von Terroranschlägen, Naturkatastrophen und anderen Schicksalsschlägen mehr. Bis auf die zahlenmäßige Erfassung des krankheitsbedingten Ablebens, das übrigens von ärztlicher Betreuung weitgehend unabhängig ist, fallen diese ganzen eindrucksvollen Werte in der Erfassung des durchschnittlichen Lebensalters eines Mitteleuropäers kaum ins Gewicht. Erst Epidemien oder Kriege würden sich auf die hier zugrunde gelegten Daten signifikant auswirken.

Lange gehörte für mich als Karate-Lehrer die Selbstverteidigung zum unerläßlichen Bestandteil des Kampfsports, bis ich begriff, daß 1. ein Sechser im Lotto wahrscheinlicher ist, als in eine Notwehrsituation zu geraten, 2. der Karate-Lehrplan zu umfangreich ist, um effiziente Techniken so zu üben, daß sie in einer extremen Stresssituation automatisch abrufbar sind, und 3. gegen Hinterhalt und Heimtücke in Verbindung mit Waffen trotz noch so guter Schulung wenig auszurichten ist.

Wenn überhaupt, kann eine **passive Strategie** gegen Lebensverkürzung hier wie in den vorgenannten statistisch relevanten Fällen nur lauten, von vornherein Risiken zu minimieren und Gefahrensituationen aus dem Weg zu gehen.

Analog stellt *Formículing* mit einer präventiven Lebensweise, deren wichtigste Komponente eine natürliche Beanspruchung der Muskulatur ist, eine **aktive Strategie** gegen Lebensverkürzung dar, ohne falsche Hoffnung auf mehr Jahre zu machen, als uns in die Wiege gelegt wurden. »Die Todesursache eines Menschen ist sein Leben«, wußte schon der Philosoph Voltaire (1694 – 1778).

ZUM SCHLUSS

Immer wieder werden sehr alte Leute nach dem Geheimnis ihrer Langlebigkeit gefragt und ein hoher Prozentsatz von ihnen nennt als erstes schmunzelnd das tägliche Gläschen Schnaps. Längst haben Mediziner festgestellt, daß die Substanzen in den Spirituosen selbst überhaupt keine lebensverlängernde Langzeitwirkung haben. In Wirklichkeit handelt es sich um den positiven Effekt der mit solchen ritualisierten Kleinigkeiten verbundenen Freude. Liebt *Formículing*, habt Freude, genießt vor allem das Wohlgefühl, das den moderaten Kräftigungsbewegungen unserer regelmäßig durchgeführten Übungen folgt!.

»Freude, schöner Götterfunken ...«

Ja, baut euch ein Schloß, wie im Märchen ... denn mit Wunschbildern bringen wir etwas mit ihnen Verwandtes in uns zum Schwingen. Ein **Geheimnis der** *Formículing*-**Aktivität** ist die Verstärkung dieser Resonanz, die zu einer abgewandelten uns gemäßen Wunscherfüllung führt. Denkt im Kleinen groß, seid Schöpfer einer Vision von eurem intakten Körper, macht mit *Formículing* bedenkenlos etwas daraus und habt Spaß dabei.

An den zahlreichen von mir angeführten Beispielen sieht man, wie viel Überlieferungsfähiges schon vor Ur-Zeiten zusammenkam und offensichtlich wert war, über unsere Gegenwart hinaus, wie die evolutiv fast unveränderliche Ameisentradition, gewissermaßen bis in die Ewigkeit transportiert zu werden. Wir profitieren insbesondere dann unbewußt von diesem Erkenntnis-Know-how, das sich im 16. Jahrhundert aus dem Bestand axiomatischer Einsichten zur immerwährend gültigen »Philosophia perennis« entwickelte, wenn die Situation eine schnellere und sicherere Beurteilung erfordert, als es ihre Abgleichung allein mit unserem gesunden Menschenverstand hergibt – vorausgesetzt wir verfügen über den intakten inneren Kompaß einer Verfassung, wie sie mit *Formículing* angestrebt und kultiviert wird. Behaltet immer im Auge, daß *Formículing* mehr als bloße Kräftigung beinhaltet. Denn während die Übungen eine mit eurer Konstitution übereinstimmende Robustheit fördern, heilen sie gleichzeitig eure durch die Zivilisation mehr oder weniger beschädigte Ur-Natur.

Zweck des *Formículing* ist in erster Linie, wie gesagt, eine zufriedenstellende körperliche Verfassung zu erreichen und beizubehalten. Noch einmal: Es geht nicht darum, Muskelberge zu generieren, sondern darum, aus guten Gründen einer zivilisationsbedingten Daseinsschwächung ohne anstrengende und zeitraubende Maßnahmen zu entkommen. Anstelle eines Fitness-Studios habt ihr euren inwändigen Kraftraum, aus dem heraus ihr körperlich aktiv werden könnt, ganz im Sinne des Kap. SPIRITUELLES, S. 52, 2. Abs.: »Omnia mea mecum porto« (All meinen Besitz trage ich in mir). Lest es noch einmal nach.

Philosophisch betrachtet unterscheiden wir uns dadurch wesentlich von allen übrigen Tieren, daß wir zum Idealismus befähigt sind, d. h. uns um höherer Ziele willen abseits solcher vorgegebenen Pfade bewegen können, die von Trieben und Verhaltensmustern markiert werden. In diesem Sinne setzen wir uns mit der **Arbeit an unserer Gestalt** über Einschränkungen hinweg, denen die Fauna unterworfen ist, und verbessern unsere Selbstwahrnehmung, die auch eine Wahrnehmung der in uns angelegten Göttlichkeit sein mag. Laßt uns hier noch einmal (Siehe Kapitel WIE INNEN, SO AUSSEN, S.27) in Übereinstimmung mit östlicher Weisheit der Bibel folgen, in der bei 1. Mose 1.27 geschrieben steht: »Da schuf Gott den Menschen nach seinem Bilde; nach dem Bilde Gottes schuf er ihn; als Mann und Weib schuf er sie«. Ähnliche Hinweise kommen aus anderen noch wesentlich älteren, auch polytheistisch ausgerichteten Kulturkreisen. Sie rechtfertigen ein Verständnis, daß Göttlichkeit mit Menschengeist gepaart in das Weltgeschehen hineinwirkt.

Nach meiner Überzeugung ist im Prinzip jeder Mensch nicht mehr und nicht weniger als der Papst potentiell ein Stellvertreter Gottes auf Erden und die Menschheit in ihrer Gesamtheit die adäquate Diversifizierung der Anlage göttlichen Willens. Hier geht es aber lediglich darum, Glauben und Vertrauen in die mental wie physisch signifikante Qualität des *Formículing* zu legen und sich damit weiterzuentwickeln. Anders gesagt: Es geht darum, durch nicht hinterfragte positive Körperlichkeit einen Hauch von göttlicher Gegenwart aus dem inneren Selbst nach außen leuchten zu lassen.

Dank eures Geistes seid ihr fähig, eure Ziele im Vergleich zu den Ameisen im Zeitraffer zu erreichen. Entwickelt EUER persönliches *Formículing* durch spielerisches Ausprobieren auf dem

Weg der Erfahrung weiter. Löst euch von Kopflastigkeit, analysiert nicht, verlaßt euch auf euer Gefühl, dann werdet ihr (wieder) zu eurer natürlichen Kraft finden.

Wollt ihr nun Beweise für die Effizienz von *Formículing*? Die gebe ich euch nicht! Nein, Ihr seid aufgefordert, sie selbst auf dem Übungsweg herauszufinden.

Ich erlaube mir die abschließende Anmerkung, daß ihr immerhin die Aussicht habt, nicht ganz freudlos zu sterben, wenn es eines hoffentlich fernen Tages soweit ist, weil ihr mit *Formículing* den denkbar günstigsten Preis dafür bezahlt habt, im Leben fit zu sein und zu bleiben, und darum in der Lage wart, alles ökonomisch nach den Vorgaben der Natur zu machen. Die Moral meiner vermeintlichen Übertreibung? Bedenkt, wie wenig zeitlebens für den letzten Moment entscheidend sein kann!

EINFÜHRUNG / ÜBUNGSTIPPS

Daß es sich bei *Formículing* um selbsterklärende Übungen handelt, kann jeder von Anfang an praktisch erfahren und als sein eigener Meister problemlos umsetzen. Es ist im Grunde genommen so einfach, wie Fremdsprachen lernen: Hier genügt 1/4 Std. täglich, um sich elementare Kenntnisse anzueignen, die für eine Verständigung im Ausland ausreichen – dort reichen sogar nur 7 bis 10 Minuten unseres Übungsprogramms am Tag für die vorbeugende Wiederaneignung oder Erhaltung einer Fähigkeit aus, u. U. den physischen Anforderungen in fremden Tätigkeitsfeldern, wenn nicht gar Notlagen, besser gewachsen zu sein. Und indem das bißchen *Formículing* euch zu einer mit eurer Konstitution übereinstimmenden Robustheit führt, trägt es gleichzeitig zur Abschirmung und Heilung von Schäden bei, denen eure wahre Eigenart in der modernen Welt unvermeidlich ausgesetzt ist.

Selbstverständlich ignoriere ich nicht die einschlägigen sportmedizinischen Erkenntnisse, auch wenn *Formículing* nicht wirklich ein Sport zu nennen ist. Der beginnt meistens vorab mit Aufwärmen und Dehnen, um Sportverletzungen vorzubeugen. Wir können jedoch jederzeit aus dem Stand heraus ohne jegliche Vorbereitung mit unserem »unsportlichen« Fitness-Training beginnen.

Wissen über Muskelgruppen mag zwar nützlich sein, wenn man diese im Einzelnen nach persönlich bevorzugtem Kräftigungsbedarf funktionell ansprechen möchte. Doch das wollen wir ja nur im Ausnahmefall. *Formículing* ist ein ganzheitliches Fitness-Programm, ungeachtet der speziellen Anwendbarkeit seiner methodischen Möglichkeiten. Sagt also selbst: Ist es nicht so, daß über unsere Allgemeinbildung hinausgehende Fachkenntnisse nur die Sache verkomplizieren? Geben wir uns mit unserem bewußt schlicht und einfach gehaltenen Training zufrieden, das sich im Rahmen dessen bewegt, was der aktuelle Stand der Sportwissenschaft vorgibt.

Habt ihr schon einmal als Starthelfer alleine ein liegengebliebenes Auto angeschoben? Solche Aktionen funktionieren nur an Fahrzeugen mit Schaltgetriebe und werden mit dem technischen Fortschritt immer weniger. Trotzdem gehe ich davon aus, daß die meisten von euch noch wissen, worum es dabei geht. Wer es aus eigener Erfahrung kennt, dem brauche ich nicht zu sagen, wie anstrengend das Anschieben ist, zumal wenn erst mehrere Versuche zum Erfolg führen. Die Erinnerung an nicht nur einen solchen übermäßigen Kraftakt diente mir als Vorlage für die Grundidee, wie jeder auf Ameisen-Art stark werden kann. Wie das? Es ging mir im Prinzip darum, den Anschiebe-Effekt dieses ganzheitlichen Körpereinsatzes in ein Übungsprogramm zu überführen, das sich mit meiner Philosophie der Gesunderhaltung deckt. So habe ich eine Flurwand in ein imaginäres Auto verwandelt, um den Bewegungsablauf meines Schlüsselerlebnisses in reduzierter Weise nachzuahmen. Dies war der Ausgangspunkt zur Entwicklung weiterer Übungen zu einem System dreidimensionaler Ausrichtung von Bewegungen und Gegenbewegungen. Ihr werdet sehen …

ÜBUNGSTIPPS mental:

o Kennt ihr den von brasilianischen Wissenschaftlern entwickelten Test der Altersfitness? Sie wird aus dem Lebensalter im Verhältnis zu der Zeit ermittelt, die man braucht, ohne Einsatz der Arme aus der Rückenlage vom Fußboden aufzustehen. Altersschwäche hat mit Beinschwäche zu tun. Mein Großvater hatte eine von uns Enkeln – meinen Brüdern und mir – bewunderte Armkraft. Ungeachtet seines leichten Übergewichts waren seine Beine relativ schwach. Solange ich meinen Großvater kannte, wäre er nicht imstande gewesen, den brasilianischen Test überhaupt durchzuführen. Wie es aussah, bevor ich als Zehnjähriger, nach sieben Jahren Auslandsaufenthalt, meine Großeltern erst richtig kennenlernte, kann ich nicht sagen. Wäre mein Großvater mit fitten Beinen älter als 72 Jahre geworden?

Wenn man bedenkt, daß wir, auf die Beine gestellt, zu Menschen wurden, unser Menschsein von unserem aufrechten Gang gekennzeichnet ist, dann bedeutet unsere moderne Lebensweise einen Rückschritt in unserer evolutionären Entwicklung. Unsere natürliche Fortbewegung ist die zu Fuß in angeborener, nur langsam abnehmender Qualität. Beobachtet daraufhin kritisch, wie ihr geht, lauft, Treppen steigt, und zieht daraus die Konsequenz. Prüft auch einmal euer Gleichgewicht

im einbeinigen Stand, versucht dabei eine eurer Fertigkeit gemäße anspruchsvolle Körperhaltung einzunehmen und steigert
die Balance-Anforderung weiter, indem ihr die Augen ge-
schlossen haltet.

o Die meisten stehen weit unter ihren naturgegebenen körperlichen Möglichkeiten. Das wirkt sich umso dramatischer
aus, je älter sie werden. Mit kleinen *Formículing*-Korrektur-
schritten können sie sich von Unzulänglichkeiten befreien, die
sie bremsen, wenn nicht sogar blockieren.

o Maschinen haben uns weitgehend von der Fron der körperlichen Arbeit befreit. Aber nicht umsonst. Den Preis zahlen wir
mit den Folgen der Bewegungsarmut. Dafür gibt es jedoch einen Nachlaß, wenn wir auf Mutter Natur hören, die sprich-
wörtlich übersetzt sagt: »Sich regen, bringt Segen«. Wollen wir
gesund bleiben, müssen wir uns Bewegung verschaffen, wo
immer es geht. Ich ermuntere darum jeden, der einer Bürotä-
tigkeit nachgeht, Umwege zu laufen, bewußt überflüssige Ne-
benbei-Verrichtungen durchzuführen, immer einmal vom Stuhl
aufzustehen, beim Telefonieren auf und ab zu gehen, das
Druck- oder Kopiergerät weiter weg stehen zu haben und dergleichen mehr. Insbesondere bietet sich hier an, zwischendurch
das *Formículing*-Prinzip anzuwenden. Wie oft am Tag gehen
wir durch eine Tür? Jedes Mal eine Gelegenheit, uns lässig zu

vitalisieren. Setzt euch von den Abertausenden ab, die lieblos ihrer Arbeit nachgehen und nach Feierabend so ausgelaugt sind, daß sie nur noch wehrlos bis zum viel zu späten Schlafengehen vor dem Fernsehgerät verbringen können.

o Einerseits gehören Monotonien zum Leben. Daran kommt man nicht vorbei. Sie sind eine Stärke der Ameisen, für zivilisierte Menschen jedoch eher ein notwendiges Übel, um Alltagsroutinen effizient erledigen oder mit bestimmten Fähigkeiten in Übung bleiben zu können. Andererseits ist dem menschlichen Bedürfnis nach regenerativer Abwechslung im Rahmen solcher übergeordneten Regelmäßigkeit Raum zu geben. Beiden Anforderungen wird *Formiculing* gerecht; denn auch wenn der Erfolg hier Beständigkeit voraussetzt, rege ich zu Übungsvariationen an, damit ihr 1. nicht wegen fehlender Anreize die Lust verliert und 2. keine einseitige Gewöhnung eurer Muskeln an ein ständig wiederholte Belastung eintritt.

o Der Motor eurer Übungen ist neben Vernunftmotiven ein irrationales Glücksgefühl, das sich mit eurer Kräftigung einstellt.

o Da ihr eine starke Zukunft anstrebt, laßt dieses Kraftbild vor eurem inneren Auge zu einer selbsterfüllenden Prophezeiung werden. Übt so zu tun, als ob ihr schon stark seid. Macht euch diese Attitüde zur Gewohnheit, indem ihr euch vor allem gerade haltet. Eine bewußte Aufrichtung formt nicht nur euren erstarkenden Körper, sondern drückt auch eure Haltung zum Leben aus, euren Glauben, nach dem euch geschieht – um es angelehnt an Jesusworte zu sagen. (NT, Matthäus 9.29). Niemand kann durchgängig eine aufrechte Haltung einnehmen, selbst Modellathleten vergessen gelegentlich ihre Selbstkontrolle und fallen zusammen. Doch eure Grundüberzeugung muß eure Körperhaltung dominieren.

ÜBUNGSTIPPS praktisch:

• Wohin ihr auch geht, die *Formículing* Nicht-Geräte-Wand und -Tür, aus deren Widerstand die Kraft zu holen ist, sind schon da. Ihre Haltbarkeit ist unbegrenzt. Darauf gebe ich euch leichten Herzens lebenslange Garantie ;-).

• Wer es braucht, um gleich morgens nach dem Aufstehen in Wallung zu geraten, dem sei die Gewohnheit unbenommen, den Tag – unabhängig von *Formículing* – mit ein paar gymnastischen Universalübungen wie Kniebeugen, Liegestützen und Bauchaufzügen zu beginnen.

• *Formículing* wird nur durch mäßiges aber regelmäßiges Training sinnvoll. Haltet euch daran und laßt die unvermeidlichen Ausnahmen ohne Reue geschehen. Sie sind normal. Immer besser als gar nichts ist ein Schnelldurchlauf 1 – 2 – 3 …

und sei es nur einer einzigen Übung.

• Nutzt die ganze Länge des Kraftweges jeder Übung, und dies in langsamer Ausführung (3 bis höchstens 5 Sek.) mit Ausatmen und von Anfang bis Ende mit gleichbleibendem Krafteinsatz. (60% eurer Maximalkraft genügen). Einatmen bei der entspannten Rückführung der Übungsbewegung bis zu ihrem Ausgangspunkt. Nie den Atem anhalten und schon gar keine Press-Atmung machen. Laßt eure Atmung im natürlichen Rhythmus von Spannung und Entspannung fließen. So geht gemäßigtes Kraftpumpen auf Ameisenart. Das ist etwas ganz anderes als das extreme »Pumping irons« im Bodybuilding.

• Wenn ihr aus einer Übung nach zehn Wiederholungen noch nicht genügend Kraftgefühl gezogen habt, spricht nichts dagegen, noch eine Variante nachzulegen. Nach dem Training sollten sich besonders an den Armen die Adern deutlicher abzeichnen. Das weist auf eine gute Durchblutung hin, die für den Kräftigungserfolg maßgeblich ist.

• Wie ihr sehen werdet, habe ich zur Verdeutlichung, daß *Formículing* immer und überall möglich sein muß, in meinen Übungsvorschlägen bewußt alternative Zuhilfenahmen z. B. eines Tisches oder Stuhles weggelassen. Eure Trainingsfreiheit soll damit jedoch nicht eingeengt werden. Im Gegenteil! Der Erweiterung des *Formículing*-Spektrums nach den Gegebenheiten in eurem persönlichen Umfeld sind keine Grenzen gesetzt.

● Ausnahmsweise eine einzige einfache und effiziente Übung, außerhalb unseres Systems, die ebenfalls in jeder Lage überall und jederzeit durchgeführt werden kann:

Tief einatmen, dann gleichzeitig ausatmen und Bauch einziehen bis zum Anschlag, 10 Sekunden halten, dann einatmen und entspannen.

Das festigt die Bauchdecke und wirkt sich günstig auf den Verdauungstrakt und das Zwerchfell aus, erst recht, wenn es mehrmals am Tag wiederholt wird. (Besonders empfehlenswert bei sitzender Tätigkeit!)

● Wir befolgen konsequent das Prinzip, daß nach einem Muskel bzw. einer Muskelgruppe immer der entsprechende Antagonist (Muskel- bzw. Muskelgrupen-Gegenspieler) trainiert wird. So nüchtern kann man es beschreiben. Ich illustriere das lieber anhand des Beispiuels der Zweikampftradition des rituellen japanischen Nationalsports SUMO. Bei dem geht es wesentlich um Ziehen und Drücken (Schubsen, Anheben und Schleudern) der schwergewichtigen Gegner, wie es – auch davon abgeleitet – im Wechselspiel unserer Übungen vorgegeben ist.

● Unterzieht euch gelegentlich selbst Leistungsproben anhand der gängigen Fitness-Standards. Damit meine ich, mit hier erforderlicher gesunder Vorbereitung (Aufwärmen, Dehnen) körperlich kurz in die Nähe eures Limits zu gehen, z. B. mit Kniebeugen, Liegestütze, Burpees, Klimmzügen, Sprints und dergleichen. Ihr müßt eure Schmerzgrenze kennen und begrenzt aushalten lernen. Solche Tests gehören zu einem wahrhaftigen Fitness-Training. Sie geben Auskunft über den aktuellen Stand eurer Form und was ihr notfalls abrufen könnt.

• Wie beim Vorstellungsgespräch der erste Eindruck, so ist auch bei der Aufnahme unserer Übungen der Beginn entscheidend, der erste Schritt zur Überwindung der Trägheit. Wenn man das anzuschiebende Auto erst einmal zum Rollen gebracht hat, gehört weniger Kraft dazu, es in Schwung zu bringen. Ich hoffe, daß der *Formículing*-Beginn euch Lust darauf macht, mit dem Üben in Fahrt zu kommen.

Startet mit einem inneren Festakt zur Grundsteinlegung eurer Fitness, gönnt euch eine symbolische Schultüte zur ersten *Formículing*-Trainingseinheit, dem Ausgangspunkt eurer zukünftigen Ameisenstärke.

JETZT GEHT ES LOS!

Mit den nachstehenden Anleitungen löse ich nunmehr mein Versprechen ein, eine formelhaft reduzierte Methode vorzustellen, euch praktisch in Form zu bringen, flexibel, ohne große Anstrengung und mit geringem Zeitaufwand. Sozusagen Muskelbildung light drinnen en passant im Türrahmen oder auch draußen z. B. am Auto, am Pfosten des Carports, am Zaunpfahl, am Laternenmast an den Bäumen im Park, im Wald, oder irgendwo sonst ... Und im Gegensatz zu den üblichen Fitnessprogrammen braucht ihr nicht einmal unbedingt den kompletten Satz von Übungsfolgen in einem Durchgang abzuarbeiten, sondern könnt die wirklich wenigen *Formículing*-Übungen willkürlich über den ganzen Tag verteilen, so daß sie am Ende des Tages im Sinne eines Ganzkörpertrainings komplett sind. Zumindest für den Anfang empfiehlt sich jedoch die rituelle Gewöhnung an ein zusammenhängendes *Formículing*-Programm. Viele bleiben dabei, weil Rituale als feste Bestandteile des Alltags ohne Frage hilfreich sind, zumal es sich ja hier um einen relativ geringen Aufwand handelt, den man gerne so beibehält. Wie man es handhabt, ist letztlich eine Frage der persönlichen Vorliebe. Entscheidend ist, jeden Muskel einmal täglich deutlich anzusprechen, damit er die Funktion erlangt oder beibehält, für die er gedacht ist. Die moderate Kräftigung im Ganzen führt zu eurer harmonischen Einheit, zum Gleichgewicht des Zusammenspiels aller eurer Muskeln, Sehnen, Knochen und inneren Organe, im Idealfall zur gottgewollten, jeweils einzigartigen zeitgemäßen Menschengestalt nach dem Ur-Muster Adams und Evas. Als Folge kommen Körper, Geist und Seele ins Lot, man wird und bleibt voll funktionsfähig, mit einem Wort: gesund. Euch erwarten keine spektakulären Sofortergebnisse. Die sind aus einer anderen Welt, aus der Welt des deformierenden high-speed Bodybuildings. Vielmehr wollen wir uns im Verlauf eines natürlichen Prozesses altersunabhängig normalisieren. Mit jeder täglichen simplen *Formículing*-Übung kehrt ihr schrittweise zu eurer wahren Natur zurück und erfüllt das begründete Gebot, euer wahres Selbst wiederzufinden oder weiterzuentwickeln.

Ran also an die *Formículing*-Übungen, ohne sie weiter zu hinterfragen! Eine umfassende Klärung habe ich ja vorweggenommen. Noch bestehende letzte Zweifel werden erfahrungsgemäß mit der Praxis ausgeräumt.

ANLEITUNG

Auf sieben Doppelseiten lasse ich eine stilisiert vermenschlichte Ameise die beschriebenen *Formículing*-Übungen graphisch veranschaulichen. Sie versinnbildlicht ja, wie eingangs gesagt, den hier zu pflegenden Minimalimus. Und der ist schnell erklärt.

Der Aktionsradius einer Ameise ist nicht zweidimensional auf die Erdoberfläche beschränkt, er dehnt sich in alle Richtungen des Raumes aus, also auch bis tief unter die Erde und hoch in die Bäume. Bisweilen fliegt die Ameise sogar frei durch den Luftraum, dann nämlich, wenn sie als beflügeltes fruchtbares Exemplar mit tausenden ihresgleichen zum Hochzeitsflug ausschwärmt, um nach der Befruchtung die Flügel abzuwerfen.

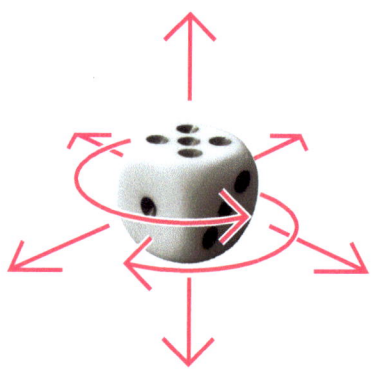

In der Tat etwas weit hergeholt, ergibt aber Sinn mit einem Würfel als spielerische Allegorie dazu, an dem Zahl und Richtung der Übungen im *Formículing*-System, Bewegung und Gegenbewegung, symbolisch ablesbar sind, nämlich drücken oder ziehen nach vorne (1), hinten (6), links (3), rechts (4), unten (5) und oben (2) entsprechend der Abbildung. Hinzu kommt die <u>Rotation</u> des geworfen gedachten Würfels als auch numerologisch relevantes siebentes Übungselement, wie es sich aus der Addition der Augen der gegenüberliegenden Seiten des Würfels ergibt. Das ist schon das ganze Grundprogramm, das ihr durch freie Auswahl aus den vorgeschlagenen Alternativen A, B, C und D variieren oder durch eigene Ideen erweitern könnt, z. B. auf welcher Höhe ihr eure Hände ansetzt.

Formiculing beschreibe ich also schematisch mit lediglich 7 raumoientierten Drück-, Zug- oder Torsions-Übungen nach folgendem Prinzip·

Versucht eine Wand in eurer Wohnung wegzuschieben. Die Wand bleibt natürlich stehen. Anstelle der Wand drückt ihr euch jedoch aus einer tiefen Schrittstellung, ohne hochzukommen, laaangsam und krrräftig zurück. (Immer ausatmen beim Kraftmachen!). Die Füße bleiben dabei auf der Stelle. Dann schiebt ihr euch unter Beibehalten des Wand- und Fußbodenkontaktes wieder vor und wiederholt das Wegdrücken. Dies in einem fließenden Bewegungsablauf etwa zehnmal und ihr werdet die daran hauptsächlich beteiligten Muskeln (auch der Beine) noch eine Zeit lang wohlig warm spüren. So setzt der Trainingseffekt ein und wirkt bis zum nächsten Tag fort.

KRAFT NACH VORN

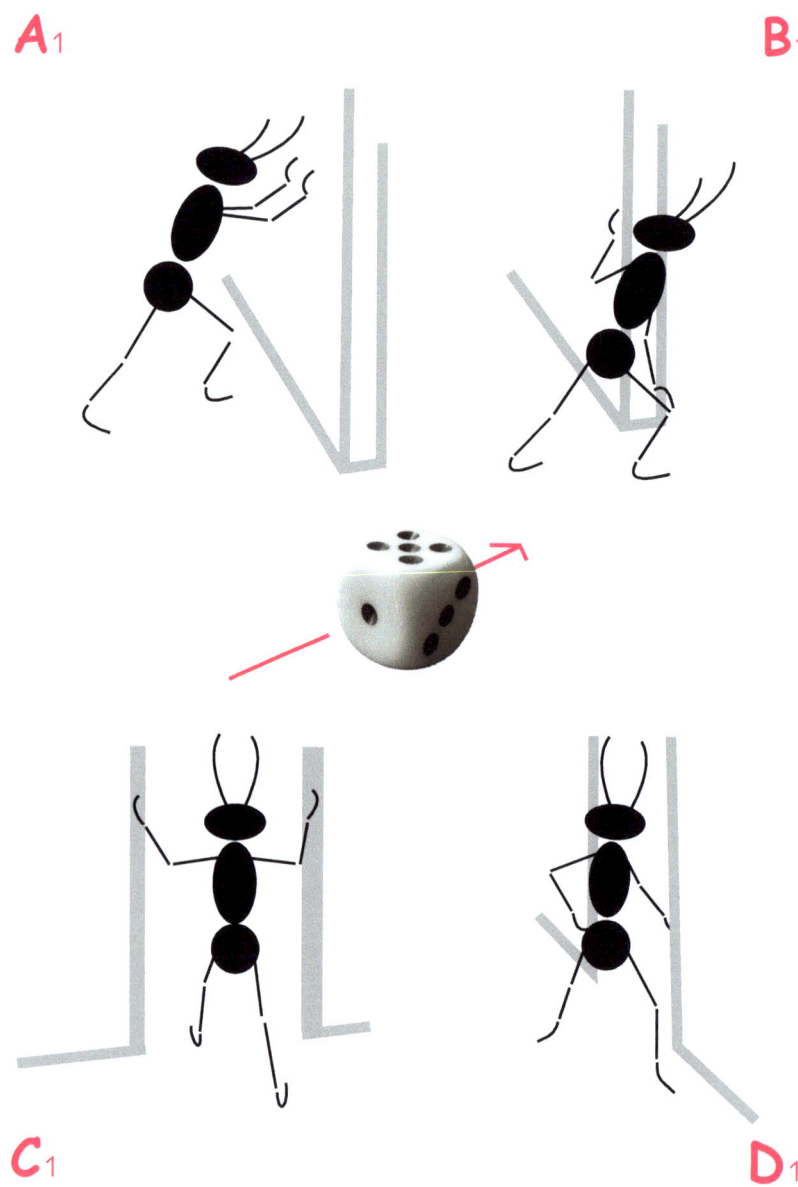

A₁ Hier noch einmal anschaulich das in der Einführung mit »Wegschieben einer Wand« beschriebene Formículing-Übungsprinzip.

B₁ Frontal wie bei **A1**, jedoch nur mit einer Hand wegdrücken. Die Übung wird effizienter, wenn ihr etwas in die Türöffnung hineingeht und damit den Arbeitsweg verlängert. Beide Seiten in gleicher Weise trainieren.

Die Idee des Fithaltens zwischen Tür und Angel läßt sich optimal und im doppelten Wortsinn an oder in der Türöffnung umsetzen, die dafür gewissermaßen ein überall vorzufindendes Sportgerät abgibt.

Nach der Hälfte des jeweiligen Wiederholungssatzes empfiehlt sich bei den vorwärts oder rückwärts gerichteten Übungen ein ausgleichender Schrittwechsel.

Eine tiefe Schrittstellung in der Mitte der Türöffnung einnehmen, mit den Händen links und rechts am Türrahmen (egal in welcher Höhe ihr anfaßt) nach dem beschriebenen Formículing-Prinzip die Muskeln stimulieren. **C**₁

Die tiefe Schrittstellung parallel zur Wand einnehmen, Hand unten an der Türfüllung etwa in Hüfthöhe ansetzen und die fließende Formículing-Bewegung durchführen. Anschließend Seitenwechsel. **D**₁

KRAFT NACH HINTEN

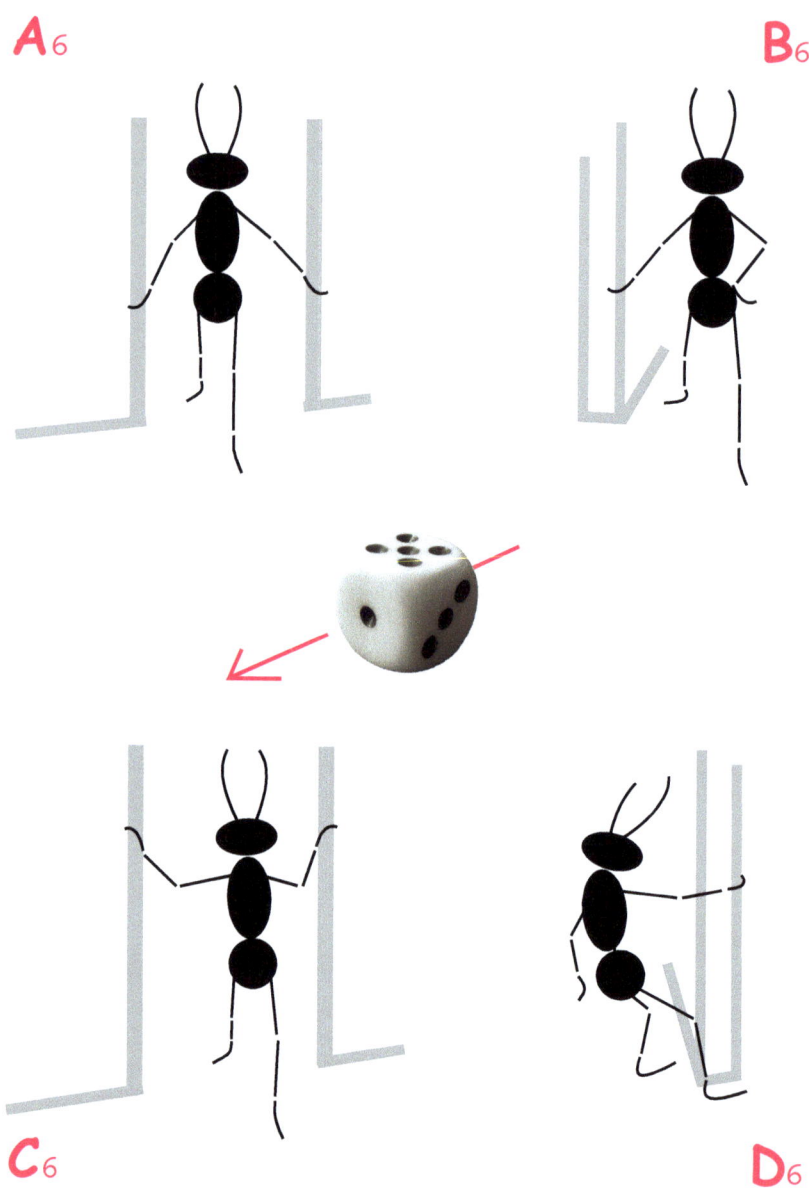

A6 _Tiefe Schrittstellung in der Mitte der Türöffnung, Handinnenseiten links und rechts am Türrahmen, Arme leicht gestreckt. Hier wiederholt ihr langsam simulierte Zugbewegungungen, indem ihr euch vordrückt._

Um die bei **A6** gezeig- **B**6 _te Zugübung einarmig durchzuführen, könnt ihr euch in die Türöffnung oder parallel zur Wand stellen und die entsprechenden Kraftwege bis zum Erreichen eines guten Muskelgefühls wiederholen._

Auch wenn es für den Anfang zur Eingewöhnnung anders dargestellt ist, solltet ihr mit der Zeit berücksichtigen, ...

... daß die beteiligte Beinarbeit desto effizienter wird, je tiefer ihr euren Stand (Schrittweite) wählt.

Mittig in der Türöffnung stehen, Handrücken links und rechts am Rahmen in Kopfhöhe oder darüber halten und _Zugbewegungen entsprechend **A6** durchführen._ **C**6

Mit simulierter Zugübung einarmig arbeiten. Faßt, wie abgebildet, mit gestrecktem Arm den Türrahmen und zieht euch gegen den Widerstand der Beine an die Wand heran. **D**6

KRAFT SEITWÄRTS NACH INNEN

A₃

B₃

C₃

D₃

A3 *Die Abbildung zeigt, wie mit gestrecktem Arm, Hand hier etwas tiefer als in Hüfthöhe, gegen die Türfüllung gearbeitet wird.*

B3 *Und noch einmal die gleiche Arbeit wie bei* **A3**, *Stand jedoch in der Türöffnung, mit dem Rücken zur Türfüllung arbeiten.*

Sucht euch aus, ob ihr für die seitlichen Auswahl-Übungen lieber parallel zur Wand mit einer Hand an der Türfüllung oder in der Türöffnung mit einer Hand am Türrahmen steht.

Der seitliche Körpereinsatz geht Im Prinzip nur einarmig und macht einen entsprechenden Wechsel erforderlich.

Die Darstellung veranschaulicht, wie mit angewinkeltem Arm, Hand in Schulterhöhe an der Türfüllung ansetzend (höher ist genauso gut möglich) **C**3 *analog Übung* **A3** *trainiert werden kann.*

D3 *In der Türöffnung, mit angewinkelten Armen, die Hände etwa in Kopfhöhe links und rechts oben am Türrahmen halten und Armbelastung im Wechsel hin und her nach dem Formículing-Prinzip.*

KRAFT SEITWÄRTS NACH AUSSEN

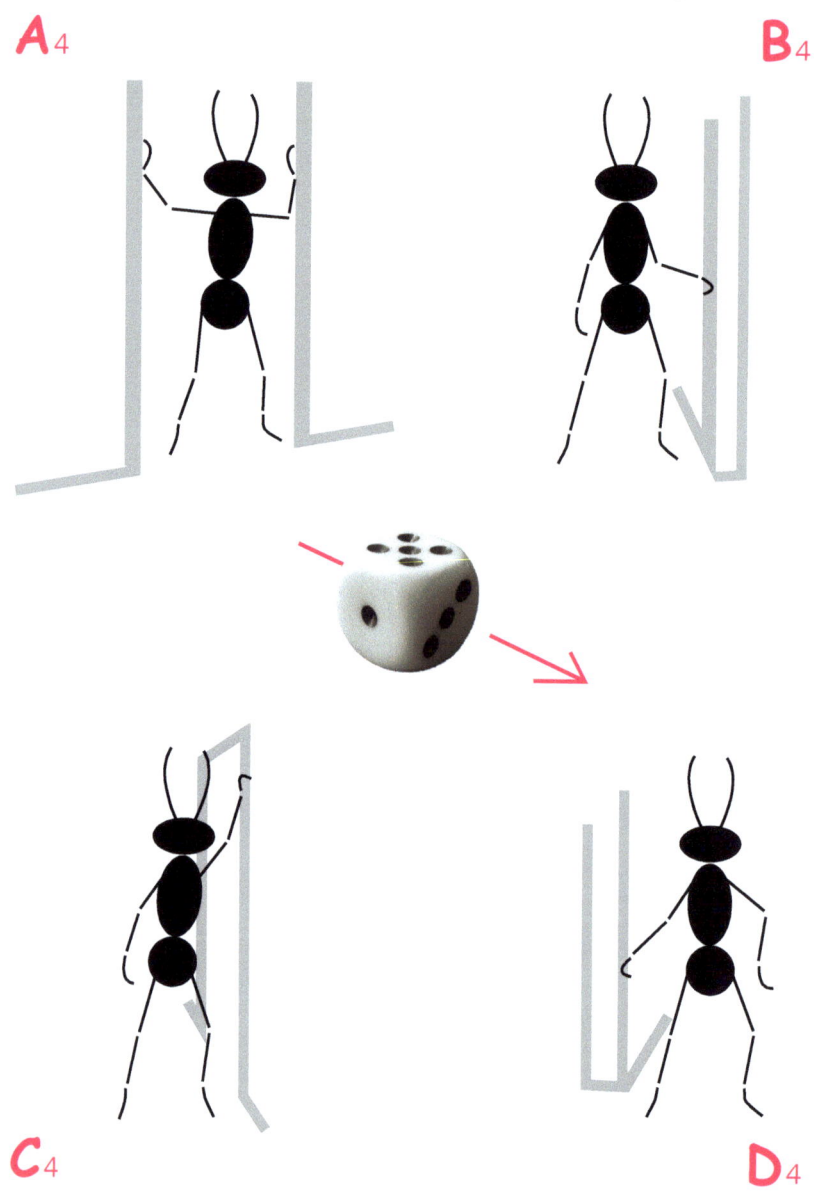

A4 *In der Türöffnung stehen, abwechselnd links und rechts mit den knapp über Kopfhöhe angesetzten Kleinfingerseiten der Fäuste (Oberarm horizontal) im Wechsel die Türfüllung wegschieben ... oder sich noch effizienter jeweils einseitig mit entsprechender Armhaltung anstrengen.*

Zur Abwechslung im rechten Winkel zur Türöffnung tief stehen und mit der Kleinfingerseite der Faust, diesmal Unterarm horizontal (Drehpunkt ist der Ellbogen), den Türrahmen wegschieben. **B**4

Die Faust des gestreckten Armes mit der Kleinfingerseite oben an den Türrahmen oder an die Türfüllung setzen, je nach Wahl des Standortes und so nach dem Formí-
C4 *culing-Prinzip trainieren.*

Hier mit unten angesetzten gestreckten Arm arbeiten, Kontakt zu Türfüllung oder Türrahmen mit der Kleinfingerseite der Faust. **D**4

KRAFT NACH UNTEN

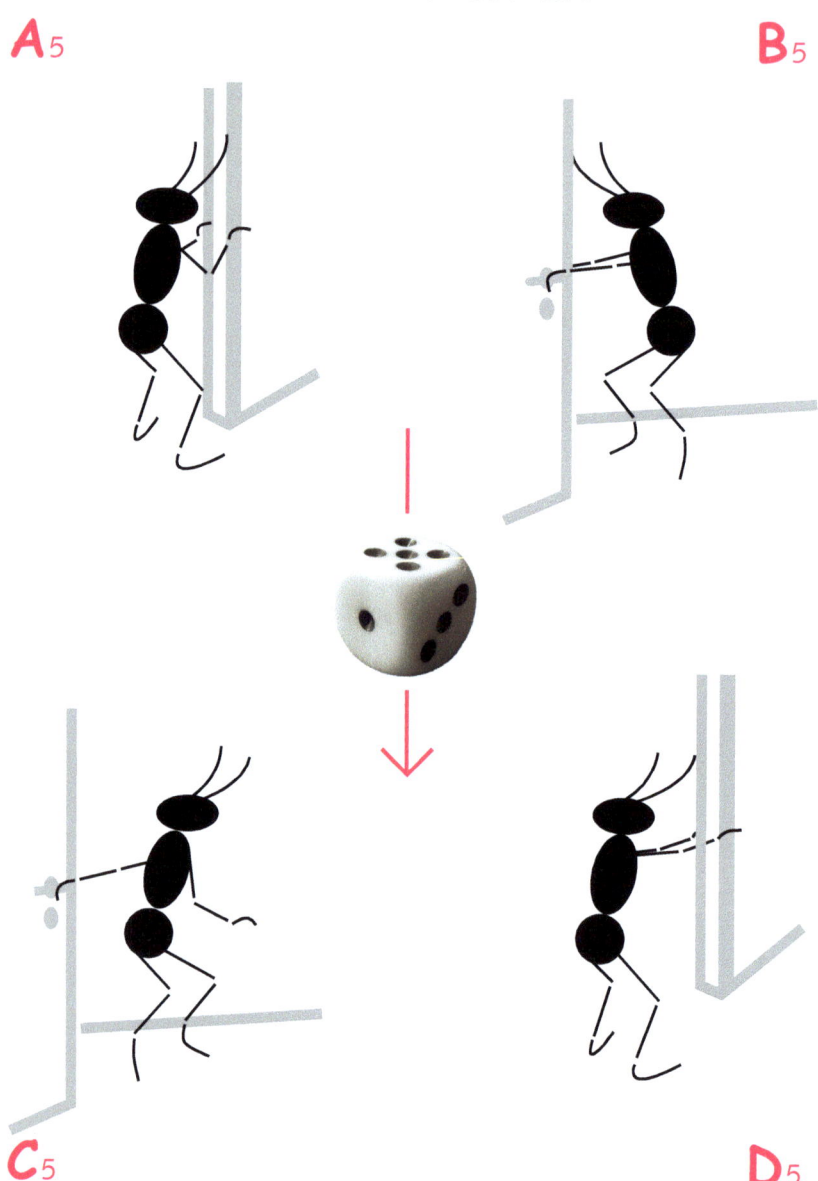

A5 *In der Tür leicht ge-grätscht nahe vor die Tür-füllung stellen, links und rechts etwa in Brusthöhe den Rahmen festhalten und sich leicht bis zur halben Kniebeuge absenken, dann überwiegend mit der Armkraft hochziehen. Wiederholen bis zu den ersten Muskel-Ermüdungserscheinungen.*

B5 *Türgriffe links, rechts halten und mit gestreckten Armen in die Hocke gehen. Von dort aus unter Beibehalten der Armstreckung nach oben drücken*

Um die Möglichkeiten an vertikalen Übungen, die dem Formículing-Prinzip gerecht werden, zu erweitern,...

... bietet sich zusätzlich die Tür mit ihren Türgriffen im vorgenannten Sinne als fiktives Sportgerät an.

Aus der Position etwa in einer Linie mit der geöffneten Tür mit gestrecktem Arm am Türgriff aus der Hocke hochdrücken. Nach einigen Wiederholungen Wendung um 180° und Arm wechseln. **C**5

*Die Türrahmen über dem Griff oder Türblatt mit ausgestreckten Armen zwischen die flachen Hände nehmen und wie bei **B5** vorgehen. Der zum Festhalten erforderliche Kraftaufwand, besonders beim Türblatt, macht die Übung recht anspruchsvoll.* **D**5

KRAFT NACH OBEN

A₂

B₂

C₂

D₂

A₂ *In der Tür leicht gegrätscht nahe vor die Türfüllung stellen, links und rechts etwa in Brusthöhe den Rahmen festhalten und sich gegen den leichten Widerstand der Beine bis zur halben Kniebeuge hinabsdrücken. Wiederholen bis das Gefühl einsetzt, daß es reicht.*

B₂ *Links und rechts an der Seite ohne Türanschlag den Türrahmen etwa in Brusthöhe greifen, festhalten und euch gegen den leichten Widerstand der Beine hinunterdrücken (den Rahmen also gewissermaßen hochdrücken), bis ihr mehr oder weniger in die halbe Kniebeuge gelangt.*

Im Stand rechtwinklig zur Tür den Griff der geschlossenen Tür halten, mit dem gestreckten Arm nach oben drückend, langsam in die Hocke gehen. Zahl der Wiederholungen nach Gefühl.

C₂

*Und noch einmal etwas anspruchsvoller als bei **A2**: Türrahmen zwischen die Handflächen nehmen und die Beine unter dem Druck der gestreckten Arme nach oben langsam und nicht zu leicht nachgeben lassen. Erschwert wird die Übung durch den erforderlichen Anpreßdruck der Hände.*

D₂

A ○ Bequem in die Türöffnung stellen. Eine Hand am Türrahmen der Innenwand und eine Hand am Türrahmen der Außenwand anpressen, Arme gestreckt in Hüfthöhe (oder über dem Kopf, dann eine Hand mit dem Handrücken am Rahmen). Unter Beibehalten dieser Grundspannung gegen den Widerstand der Armkraft langsam links herum und rechts herum drehen.

B ○ In leichter Grätsche aufrecht vor die Türfüllung stellen, Türrahmen links und rechts fassen, Torsion in beide Drehrichtungen unter Überwindung der widerstehenden Armgegenkraft.

Ich erinnere hier noch einmal an das dem Formiculing zugrunde liegende Übungs-Prinzip, …

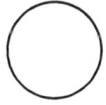

… daß eure Füße mit dem Einnehmen der jeweiligen Ausgangsposition auf der Stelle bleiben müssen.

C ○ Rechtwinklig zur Wand neben die Türfüllung stellen, Rahmen der Außenwand einhändig fassen und gegen den Druck der Hand mit der Körperdrehung hin und zurück in beide Richtungen arbeiten. Arm wechseln und das Gleiche noch einmal.

D ○ Aufstellung wie bei Co, jetzt aber bei gestrecktem Arm mit dem Handrücken Kontakt zum Rahmen der Außenwand. Horizontale Scheibenwischer-Bewegung gegen den Widerstand der Armkraft. Auch hier zur Optimierung der Effizienz den vollen Spielraum der Drehbewegung nutzen

WOLLT IHR MEHR?

Wer es nun auf Muskelzuwachs über meine gemäßigte Zielsetzung hinaus abgesehen hat, der braucht sich nur mit *Formículing* voll ins Zeug zu legen, bis seine Muskeln brennen. Gemäß dem heutigen Stand der Sportwissenschaft heißt das: 3 Sätze von 10 hochintensiven Wiederholungen an jedem zweiten Tag. In diesem Sinne läßt sich mit dem Einsatz von drei Besenstielen, die wir zu simplen Sport-Geräten umfunktionieren, die *Formículing*-Effizienz signifikant steigern. Sägt dazu zwei etwa beinlange Stäbe zurecht, laßt den dritten Besenstiel ganz und verseht alle an ihren Enden mit Tür-Stoppern (um Wände, Fußböden und Zimmerdecken zu schonen). Wendet damit das hier kennengelernte Übungsprinzip an oder kräftigt nur zusätzlich die Muskelgruppen eurer Wahl. Der mentale Transfer dürfte euch kaum überfordern. (Siehe ÜBUNGSBEISPIELE MIT BESENSTIEL S. 120). Als naturnahe Bereicherung in diesem erweiterten Rahmen hebe ich die sehr wirkungsvolle Variante der Simulation des Seilziehens hervor. Es käme für euch auch infrage, den Tag mit ein paar der gymnastischen Klassiker wie Kniebeugen, Liegestütze und Bauchaufzüge zu beginnen.

Ihr Krafthungrigen! Seid versichert, daß ich mit alledem in einer sportlich ambitionierten Phase den persönlichen Erfolg hatte, den ich euch jetzt wünsche. Aber vergeßt euch nicht in eurem

Eifer. Nur allzu schnell ist die Schwelle zur Übertreibung erreicht. Im Hinblick auf Nachhaltigkeitl solltet ihr jedenfalls irgendwann zur *Formículing*-Normalität zurückkehren.

Muskelzuwachs ist eine Gewöhnungs-Anpassung des Körpers proportional zu seiner Belastung. Die Schinderei, die der Bodybuilder auf sich nimmt, stellt dafür ein signifikantes Beispiel dar. Eine andere Gewöhnungs-Anpassung ist die Dehnungsfähigkeit. Die ist zwar eigentlich nicht unser Thema, rundet jedoch das über *Formículing* hinausgehende Fitness-Selbstbild des Ehrgeizigen ganzheitlich ab. Einer meiner Sportlehrer sagte, daß man auch im fortgeschrittenen Alter noch einen Spagat schaffen könnte, wenn man alle 4 Stunden mit diesem Ziel üben würde. Ich glaube das, lehne jedoch aus guten Gründen sowohl übermäßigen Muskelaufbau wie auch Dehnungsextremismus ab. Ebenso ablehnend beurteile ich die Leistungsanforderung des Marathonlaufs, der den an sich gesunden und konditionsfördernden Effekt einer menschengemäßen schnelleren Fortbewegung zu Fuß ins Gegenteil verkehrt. Wer für seine Kondition über *Formículing* hinaus etwas tun möchte, findet im Seilspringen (Skipping) durchaus eine gesunde und außerdem zeitsparende Alternative zum Lauftraining.

Ich erinnere ein letztes Mal daran, daß es ein von der Natur vorgegebenes Maß sinnvoller Körperertüchtigung gibt. Was darüber hinausgeht, ist unökonomisch und umso unökonomischer, je größer die Investition ist. Während Leistungssportler einen hohen Preis zahlen, um Rekorde einzustellen oder zu brechen, erreichen *Formículing*-Übende fast gratis eine auskömmliche, individuelle Fitness – und mit einem geringen Leistungsaufschlag auch mehr, wenn es denn mehr sein soll. In dem Fall also schon forte, aber kein Fortissimo.

Damit ist meine Mission, die Übertragung meiner *Formículing*-**Botschaft, beendet. Hoffentlich entwickelt ihr aus meinen Anregungen einen Lebensstil zur Wiedererlangung und lebenslangen Erhaltung eurer völlig ausreichenden angeborenen Kraft. Ich wünsche euch dafür alles Gute. Ihr schlagt mit** *Formículing* **durchaus einen gangbaren Weg ein, mehr als Mindestanforderungen an ein gesundes Leben zu erfüllen. Und vor dem Hintergrund, der** *Formículing* **begründet, schlagt ihr so vielleicht gar der Zivilisation, die ihren Tribut von eurer Lebenserwartung fordert, ein Schnippchen.**
»Prosit!« Wenn ihr wollt, könnt ihr jetzt darauf anstoßen, ich meine es aber im Wortsinn, wie ich ihn aus dem Lateinunterricht erinnere: »Es möge nützen!«

ÜBUNGSBEISPIELE MIT BESENSTIEL

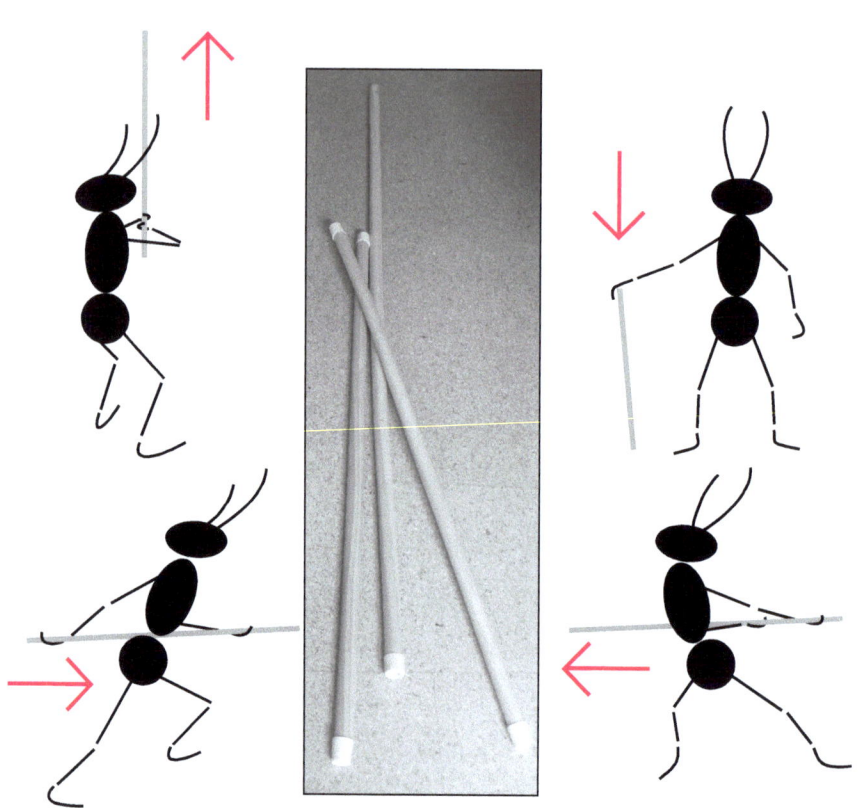

ANHANG

HONIGTAU MELKEN

In Ergänzung der *Formículing*-Praxis gebe ich euch noch kleine Handreichungen wie einen Wanderstab auf den schon weitgehend geebneten Weg zu nachhaltiger, natürlicher äußerer und innerer Stärke mit, dies eher im Sinne der nützlichen und allgemeinverständlichen Rubrik »Praktische Winke« der einstigen, damals noch durchaus seriösen Hausfrauen-Zeitschrift meiner Großmutter. Man könnte dies auch mit »Gut zu wissen« überschreiben. Es ist nicht nötig, schon gar nicht Voraussetzung für *Formículing*-Erfolge, daß ihr euch die nachstehenden Sekundärtugenden (sozusagen Helfershelfer der vorgenannten RANDBEDINGUNGEN, S. 61 – 82) zueigen macht, gleichwohl könnt ihr zur Steigerung der Wirksamkeit meiner vorgeschlagenen Übungen Honig daraus saugen oder ameisensprachlich ausgedrückt, Honigtau daraus melken. Denn sicherlich trefft ihr hier unter den für unsere Materie als nebensächlich einzuschätzenden Tipps auf mindestens einen Punkt eurer Sensibilität, den kraft *Formículing* zu regulieren, en miniature das gute Gefühl einer gewinnbringenden Selbsterfahrung vermittelt. Beachtet, daß sogar diese kleinen Zugaben zum Hintergrund gehören, vor dem sich die *Formículing*-Praxis abhebt, und individualisiert mit eurer Auswahl aus diesen Zugaben nach Bedarf oder Vorliebe euren *Formículing*-orientierten Lebensstil.

Selbstmedikamentierung

Ist jemand von euch dabei, der vorbeugend alle möglichen Nahrungsergänzungsmittel konsumiert? Vielleicht
sich wegen jedem kleinen Wehwehchen Tabletten ein-
wirft, Tropfen oder Salben nimmt, wenn nicht sogar
gleich zum Arzt rennt, um sich Antibiotika verschreiben
zu lassen? Das ist einerseits dem Leistungsdruck am Ar-
beitsplatz geschuldet, der Unpäßlichkeit, erst recht Fehl-
zeiten, zum Problem macht, andererseits der jederzeit
verfügbaren Annehmlichkeit, lästige Beschwerden
schnell loszuwerden. In der Tat ist die Versuchung groß,
den modernen Medikamentierungsmöglichkeiten nach-
zugeben, zumal es ja viele Mittel rezeptfrei gibt oder auf
gehortete Restbestände ärztlicher Verschreibungen zu-
rückgegriffen werden kann. Die oft dramatischen Nebenwirkungen der vermeintlichen pharmazeutischen Segnungen lassen lange auf sich warten. Geduld, Freunde!
Wartet in dieser schnelllebigen Zeit lieber den Lohn für
den Einsatz eines Mindestmaßes an menschlicher Lei-
densfähigkeit ab!

Selbstheilungskräfte

Die traditionelle chinesische Medizin (TCM) geht davon aus, daß viele vermeintliche Krankheiten nur unangenehme Begleiterscheinungen der Aktivität von körpereigenen Selbstheilungskräften sind, die einer Verletzung oder organischen Störung entgegenwirken. Unsere westlichen Schulmediziner verstehen diese natürlich ablaufenden Reparaturprozesse meistens nur als Krankheitssymptome, die zu bekämpfen sind, und unterbrechen mit deren Beseitigung das Durchleben und Durchleiden einer tiefgreifenden Heilung, die bis an die Krankheitsursache vordringen würde.

Es ist in diesem Zusammenhang interessant, aus der Warte mittelalterlicher Heilkunst des Abendlandes mit Paracelsus einen Blick auf Krankheitseinflüsse zu werfen, deren Hauptarten er bezüglich ihrer Entstehung in fünf Entíen einteilte:

- Ens Astrarum (Gestirneinflüsse)
- Ens Veneni {durch den Körper aufgenommenes Gift)
- Ens Naturale (Vorherbestimmung, Konstitution)
- Ens Spirituale (Einfluß der Geister)
- Ens Dei (unmittelbarer göttlicher Einfluß)
(Ens, lat. wörtlich: Ding, von Paracelsus zur Bezeichnung

des der Sache eigenen Wesens oder der ihr zugrunde liegenden Idee).

Schlafmangel

In vielen Ländern haben sich inzwischen unterschiedlich
weitgehende Rauchverbote durchgesetzt. Sie werden mit
gesundheitlichen Gefahren für die Raucher und den Schutz
der passiv Mitrauchenden begründet. Natürlich ist hier in
erster Linie der volkswirtschaftliche Aspekt der hohen Belastung des Gesundheitswesens relevant, der durch die Folge-
schäden des Rauchens verursacht wird. Andererseits belegen neuere Forschungsergebnisse, daß dauerhafter
Schlafmangel der Gesundheit noch abträglicher als das Rauchen ist. Dieser Gesichtspunkt wird völlig unterschätzt. Im
Extremfall kann Schlafmangel sogar zum Tod führen. Nun
bedingt die Natur der Sache, daß Schlafmangel-Verbote
ausgeschlossen sind. Es liegt darum sowohl in der individuellen, als auch in der sozialen Verantwortung jedes Einzelnen, für seine Schlafgesundheit zu sorgen und das mit
seinem persönlichen Anspruch an freier Lebensgestaltung
abzugleichen.

Wie lange sollte man schlafen? Aus Webseitenveröffentli-
chungen ist zu erfahren, daß im Erwachsenenalter zwi-

schen 20 und 50 Jahren der Schlafbedarf bei 90 % der Menschen konstant bei etwa sechs bis neun Stunden pro Tag liege. Den Angaben von Schlafexperten zufolge wird ein Schlafbedürfnis von etwa sechs bis acht Stunden pro Nacht als »normal« betrachtet, da knapp drei von vier Menschen in diese Kategorie fallen. Dabei ist es unerheblich, wann der Schlaf stattfindet. Die Bettgehzeit spielt für die Erholsamkeit keine Rolle. Ebenso wenig, ob der Schlaf nachts »in einem Zug« eingeholt oder über den Tag aufgeteilt wird, etwa mit einem Mittagsschlaf.

Zentrierung

Nach Aikido-Meister Koichi Tohei können wir nur in der ursprünglichen Einheit von Körper und Geist unsere wahre Stärke und unsere größten Fähigkeiten verwirklichen. Wir sollen mit der Wiederherstellung unserer im Weltgetriebe verloren gegangenen Einheit Krankheit, Schwäche und Disharmonie überwinden können, die in der Trennung von Körper und Geist wurzeln. Meister Tohei lehrt, daß diese Zusammenführung durch **permanentes (imaginäres) Halten des Ki-Punktes** erreicht wird, dem gedachten (Lebens-) Energiepunkt im Unterbauch, etwa zwei Finger breit unter dem Bauchnabel. Die Chinesen bezeichnen diesen Punkt als Dantien, die Japaner als Hara, wir lokalisieren ihn im Körperschwerpunkt, betrachten ihn im Unterschied zu fernöstlicher Auffassung jedoch gewöhnlich nicht unter einem geistigen Aspekt. Vielleicht sollten wir es aber tun, sollten unsere Verfassung durch gedankliche Zentrierung von Körper und Geist überhöhen und mit dieser andauernden Bewußtheit leichter überwinden, was sich unserem Selbstwerdungs-Ideal in den Weg stellt. Anstatt intern den Ki-Punkt zu halten, extern in der Gegenwart des Göttlichen zu sein, ist der westlichen Mentalität gemäßer und trotzdem sowohl von vergleichbarer Qualität als auch von adäquater Bereitschaft, sich auf eine Segen verheißende Abstraktion einzulassen, auf ein Synonym für die Gesetze des Universums. Vorauszusetzen wäre hier freilich eine gewisse Unabhängigkeit von historischen Religionsgegebenheiten, wie sie von den Kirchen und vergleichbaren Institutionen vertreten werden. Meister Tohei bringt das philosophisch begründete Übungs-Prinzip der Vereinigung mit der Universalkraft, die die Welt bewegt, technisch schlicht und einfach auf den (Ki-) Punkt, den zu halten, die umfassende Wirkung der Einheit von Körper und Geist, also das Geist-Körper Bewußtsein, entfalten soll.

Das stimmt damit überein, in der Allgegenwart des Göttlichen zu sein. Beide Wege führen zu mehr als nur trainingsbegleitender Achtsamkeit. Sie noch ausgiebiger zu erklären, würde jedoch weit über bloße Anregungen hinausgehen, mit denen ich das Erreichen eurer Übungsziele fördern möchte.

Trainings-Zwangspausen

Lange vor meiner Entwicklung der *Formículing*-Grundlagen, hatte ich mir bereits Gedanken über die vielfach sowohl historisch als auch aktuell prominent vertretene Hypothese gemacht, daß die Kraft des Geistes im Prinzip grenzenlos sei. Das war zur Zeit einer durchlebten gesundheitlichen Krise, wegen der ich unter das Chirurgenmesser mußte. Sie veranlaßte mich, der Frage nachzugehen, wie weit der im Prinzip grenzenlose Geist die Grenzen der Muskelkraft erweitern kann. Es gibt z. B. nicht wenige Berichte über außergewöhnliche Kraftleistungen, die Personen in kritischen Situationen vollbracht haben sollen, obgleich man sie ihnen aufgrund ihrer physischen Verfassung nicht zugetraut hätte. Zumindest wird niemand bezweifeln, daß die Imagination der Muskelbildung den Krafttrainingseffekt begünstigt. Unter Vorbehalt gebe ich euch diesbezüglich noch einen darüber hinausgehenden Geheimtipp, dem mit Zweifeln zu begegnen, ihr allerdings mein Verständnis habt. Bettlägerigkeit führt ja zu Muskelschwund, denn der Körper eliminiert, was er nicht braucht. Das traf damals glücklicherweise auf meine Situation nicht zu, weil ich, experimentell übend, täglich jede größere Muskelgruppe im Geiste anspannte. Sobald ich dazu in der Lage war, ließ ich dann meine Muskulatur systematisch gegen die in der Vorstellung bleischweren Widerstände der Zudecke, der Matratze und des Kopfkissens in alle Richtungen des Raumes arbeiten. Solche zumindest konservierenden Übungen habe ich nach meiner Entlassung aus dem Krankenhaus perfektioniert und wende sie weiterhin von Zeit zu Zeit morgens vor dem Aufstehen im Bett an, damit sie gegebenenfalls als eiserne Reserve taugen, um bei Trainings-Zwangspausen weitgehend frei von Substanzverlust zu bleiben. Meine persönliche Erfahrung mit dem vorbeugenden Reiz der Muskeln allein durch ihre mentale Ansprache hat mich von diesem minimalistischen Minimalismus des Geisteskraft-Einsatzes überzeugt. (Für weniger phantasiebegabte wird ein behutsamer Ganzkörperscan, also das systematische Ansprechen ihrer

Muskeln über einen ganz geringen Widerstand, eine vergleichbar effiziente Nothilfe sein). Diese Arten Mentaltraining sind m. E. ohne ein verletzungs- oder karnkheitsbedingtes Handikap im größeren Maßstab auf *Formículing* übertragbar und müßten dort eine wechselwirkende Gestaltungsenergie zwischen Körper und Geist entfalten.

Auseinanderfallen

Sicherlich kennt ihr Phasen, in denen euch Dinge so beschäftigen oder belasten, daß ihr euch darüber selbst vernachlässigt. Dann beschleicht euch bald das Gefühl, auseinanderzufallen, weil Ihr euren Körper weniger als gewohnt beherrscht. Nach überstandener Krise dürft ihr die Befindlichkeit, daß ihr aus dem Leim gegangen seid, nicht bagatellisieren. Ihr müßt unverzüglich die Arbeit aufnehmen, euch wieder ganz zu machen, bevor ihr phlegmatisch werdet. Was heißt hier Arbeit? Bringt euch wieder konsequent mit *Formículing* in Form. Und vermeidet dabei eine einseitige Betrachtungsweise. Ihr kräftigt im Zusammenfügen eurer Originalausgabe nicht nur Rumpf und Glieder, **sondern werdet in- und auswendig stark – ameisenstark!**

Stress raubt Energie und Lebensfreude. Zeit- und Leistungsdruck, Ängste, Sorgen, Ärger, Kummer, Enttäuschung usw. verstehen und begreifen wir als situationsbedingte Übel, gegen die man mental aktiv angehen kann, wenn man sich ihnen nicht schicksalsergeben überlassen will. Diese Art der Nervenbelastung hat nichts mit unserer Thematik zu tun, sie soll nur den Kontrast zum unbewußten Selbstangriff auf das eigene Nervenkostüm herausstellen, zum gegebenen Fall also, daß der Ahnungslose überhaupt keine Chance hat, vorab die Folgen seines vermeintlich leichtfertigen Handelns zu bedenken. Ich bin weiter vorne bei den RANDBEDINGUNGEN auf das für die Gesunderhaltung nicht ganz unwichtige Thema der Ernährung eingegangen. Hier paßt eine ergänzende Anmerkung dazu, die auf die Achtsamkeit abstellt: Wußtet ihr, daß der Darm nach dem Gehirn das zweitgrößte Nervensystem hat, dessen ernährungsbedingte Irritation letztlich sogar dramatisch auf das Gemüt schlagen kann? Neueste therapeutisch anwendbare Forschungsergebnisse haben gezeigt, daß ein enger nervlicher Zusammenhang zwischen Darm und Hirn das Krankheits- bzw. Gesundheitsbild einer Persönlichkeit weitergehend mitbestimmt, als bisher angenommen. Es empfiehlt sich im interesse der Aufrechterhaltung eurer Trainingsmoral, das zu berücksichtigen; denn gegen eine durch schädliches Essen unbewußte Beeinträchtigung der seelischen Verfassung anzutrainieren, kostet mehr Nervenkraft als ihr glaubt. *Fomiculing* verlangt euch ja ansonsten wahrlich wenig Disziplin ab. Euer Körper empfindet unvermutet oft wirklichen Stress, obgleich euch gar kein Stress bewußt ist.

Und noch etwas: Zweifel sind berechtigt, ob der Mensch wirklich ein Allesfresser in dem Sinne ist, daß er eine Mahlzeit aus möglichst vielen verschiedenen Nahrungsmitteln zusammenstellt. Es scheint rechnerisch so am ehesten eine Versorgung mit allen notwendigen Vitaminen, Mineralien, Spurenelementen und Begleitstoffen gewährleistet zu sein, wenn man zusätzlich noch Ergänzungsmittel aus Apotheke und Reformhaus konsumiert. Doch Nahrungsmittel von guter Qualität bieten auch im Einzelnen reichlich von allem, was wir benötigen, ganz sicher dann, wenn wir genügend Abwechslung in unseren Speiseplan bringen. Denkt nur an die einseitige Ernährung von Elefanten. Auch wenn unsere Verdauung nicht mit der dieser Kolosse vergleichbar ist, erstaunt es, welch ein Potential in ihrer monotonen Kost steckt! Im Verlauf der menschlichen Evolution gab es Zeiten der Nahrungsknappheit, da haben unsere Ahnen Vergleichbares durchgemacht, wie jetzt die Großstadt-Ratten. Die müssen, um satt zu werden, ein Allerlei zusammenfuttern, wie es eben ihr Umfeld bietet, und dürfen da um des Überlebens willen nicht wählerisch sein. Es sprach Darwin: »Diejenigen Spezies überleben, die sich am besten an veränderte Bedingungen anpassen können«. Während die Ratten, der Not gehorchend, noch dabei sind, sich an eine karge multiple Mischkost zu gewöhnen, haben wir als Meister der Anpassung solche unwirtlichen Lebensbedingungen längst überwunden, und zwar so erfolgreich, daß wir es uns leisten können, einen Nahrungsüberfluß zu kultivieren und dabei auch noch wählerisch zu sein. Es ist zu fragen, inwieweit eine dem Ur-Menschen gemäße einfache Kost nicht unsere Verdauungsorgane entlastet und damit mentale Energie freisetzt, von der wir nichts ahnen. Und es ist zu fragen, welchen Preis wir möglicherweise dafür bezahlen, daß wir zuviel Verschiedenes auf einmal essen, weil wir, wenn nicht der Schulmedizin, dann einer neu- oder wiederentdeckten angeblichen geheimen Heilnahrung aus der Grauzone alternativer Ernährungsmedizin mehr vertrauen als unserem Darm. Die Korrespondenz zwischen den beiden Nervenzentren Verdauungstrakt und Gehirn ist ein noch junges Forschungsgebiet. Immerhin weiß man inzwischen einiges über unsere darmbeeinflußte Gefühlslage, das meine vorgenannten Hinweise bestätigt.

Gifteinlagerung

Der Nahrungsaufnahme folgt nach ihrer Verwertung im Verdauungstrakt die Auscheidung des nicht Verwertbaren, u. U. auch des Giftigen. Einiges, was der Körper nicht loswird, lagert er ein, bis es eines Tages stört, von der eben geschilderten direkten Nervenwirkung der Problemstoffe einmal abgesehen.

Atmung

Daß es sich mit der speziellen Nahrungsaufnahme aus der Luft ähnlich verhält, ist weniger offensichtlich. Ein Mensch atmet täglich etwa 20.000-mal und bewegt dabei rund zwölf Kubikmeter Luft. Die eingeatmete Luft enthält ca. 21% Sauerstoff, 0,03% Kohlendioxid, 78% Stickstoff, 0,97% Edelgase. Die Untersuchung der ausgeatmeten Luft zeigt, daß wir rund 4% Sauerstoff verbrauchen und 4 % Kohlendioxid ausscheiden, während wir Stickstoff und Edelgase in unveränderter Menge wieder an die Atmosphäre zurückgeben.

Normalerweise, wenn wir schlafen oder konzentriert einer Beschäftigung nachgehen, atmen wir unbewußt wie die Tiere. Doch als geistige Wesen können Menschen ihren Atem durch Erkenntnis und Willen verändern und sich damit ein Tor zu höherem Leben öffnen. Lassen wir entsprechende esoterische Praktiken beiseite, die zwar schon deswegen interessant sind, weil sie zum Teil auf sehr altes Wissen zurückgreifen. Aber für den Durchschnitts-Stadtmenschen sitzender Berufstätigkeit ist in erster Linie von Bedeutung, daß seine Atmungsaktivität durch seine Lebensweise beeinträchtigt ist und darunter sein Stoffwechsel über Jahre mit zunächst unmerklichen Folgen leidet. Wie sieht die Verstoffwechselung der Luft aus? Beim Atemvorgang beladen sich die roten Blutkörperchen in der Lunge mit Sauerstoff und tragen ihn zu allen Organen und Geweben bis hinein in jede einzelne Zelle. Seine Verbindung mit den Brennstoffen der Ernährung setzt verschiedene Energieformen für die Leistungen der Muskeln, des Gehirns, der Nerven und Drüsen frei. Diese Verbrennung (Oxidation) hinterläßt Abfälle, die durch das Blut wiederum von jeder einzelnen Zelle zu den Ausscheidungsorganen transportiert werden und durch Blase, Darm, Haut und durch die Lunge – hier als Kohlendioxid – den Körper verlassen. Die gründliche Reinigung des Blutes vom Abfallprodukt CO_2 ist nur durch richtige Ausatmung möglich. Atemnot kommt nie von Mangel, an Sauerstoff, sondern von Überschuß an Kohlendioxid. Können die roten Blutkörperchen beim Ausatmen ihre Ladung an CO_2 nicht vollständig abgeben, fehlt ihnen beim Einatmen Platz zum Aufnehmen von Sauerstoff. Das führt letztlich zu einer (geringfügigen) Sauerstoff-Unterversorgung des gesamten Körpers. Denn CO_2-Überschuß wirkt sich degenerativ auf das Blut aus, wenn er über längere Zeit anhält, mit schädlichen Folgen, im schlimmsten Fall Verstopfung der feinen Haargefäße, einhergehend mit Bluthochdruck und allmählichen Verlust der Leistungsfähigkeit, d. h. vorzeitigem Altern.

Was tun gegen Mangelerscheinungen einer den Lebensumständen geschuldeten defektiven Atmung? Keine Sorgen, Freunde! Mit Befolgung der *Formículing*-Prinzipien tut ihr alles Notwendige zu eurer Normalisierung, also zum Erhalten oder Wiedererlangen der von Geburt in euch angelegten Vollkommenheit, die natürlich auch eine gesunde Ernährung aus dem atmosphärischen Gasgemisch, sprich Atmung, beinhaltet. Erinnert ihr euch? Wenn nicht, werft noch einmal einen Blick auf meine Eingangsworte dieses Buches ...

Allen Atemschulen aller Zeiten ist gemeinsam, daß sie eine Vollatmung lehren. Tiefe Einatmung durch die Nase, kurze Atempause, vollständige Ausatmung durch den Mund. Die Dauer der Einatmung ist kürzer als die Dauer der Ausatmung, nach Sekunden gezählt etwa im Verhältnis des Goldenen Schnittes z. B. 5 : 8. Mehr dazu mag, wen es interessiert, aus dem umfangreichen Angebot an Fachliteratur beziehen. Für uns genügt zu wissen, was ich meinen Karate-Schülern vermittle, weil es sich über Generationen bewährt hat: **Unbedingt ausatmen bei der Kraftentfaltung!**. Darüber hinaus 10 x am Tag tief durchzuatmen, verbessert allgemein den Atemvorgang, allein schon durch das darauf gerichtete Bewußtsein. Es gibt Beispiele der Beruhiging bei Aufregung oder Angst, sogar Beispiele der Überwindung von Höhenangst durch kontrolliertes Atmen, und auch die an den Ort einer Verletzung oder an eine körperliche Störung verlegte Atmung (in der Vorstellung) wirkt manchmal heilsam und schmerzlindernd.

Hautfunktionen

Wenn es auch nachweislich einen Austausch von Sauerstoff und Kohlendioxid durch die Haut gibt, so gehört es doch ins Reich der Legenden, daß Menschen bei unterbundener Hautatmung ersticken können. Tatsächlich werden lediglich die obersten 0,4 mm der Haut durch Hautatmung mit Sauerstoff versorgt.

Daß die Haut neben der Temperaturregulation durch Schwitzen auch Salze als Abfallstoffe ausscheidet, weiß jeder. Zu unserem Wohlbefinden können wir außer diesen die anderen bekannten und nicht weniger wichtigen Hautfunktionen durch (trockene) **Körperbürstung** optimal anregen. Ist das etwas für euch, bearbeitet eure Haut am besten nach heilpraktisch empfohlener Faustregel: Am herzfernsten Punkt beginnen, also am rechten Fußrücken, nach den Beinen dann Hände und Arme, Kopf, Rumpf und schließlich Rücken und zuletzt Brust. Gebürstet werden sollte mit Druck zum Herzen hin, ohne Druck vom Körper weg. Es lohnt sich, die Haut als größtes Organ des Körpers allein schon bei ihrer Ausleitungs- bzw. Entgiftungsfunktion zu unterstützen. Die Bürstmassage fördert den Bewegungsfluß der Lymphflüssigkeit in den Kapillaren der tieferen Hautschichten. Auf diesem Weg werden nämlich Gifte zur Leber transportiert, die sie aus dem Körper beseitigt. Das Bürsten stimuliert außerdem das Nervensystem und hilft Stress abzubauen, sorgt für eine bessere Durchblutung, öffnet die Poren – und ist darüber hinaus sogar eine leichte gymnastische Übung, etwa um Morgenmuffel munter zu machen, davon abgesehen, daß diese Hautbehandlung zu einem besseren Körpergefühl beiträgt. Und sie ist eine positive Begegnung mit dem Ur-Bedürfnis, sich stark zu fühlen, wie ich es eingangs des Buches angesprochen habe: In Fragen der Selbstbehauptung ist die Körpersprache von Bedeutung. Also strahlt Stärke aus, haltet euch gerade, macht euch groß, wie es euch die Natur von Geburt mitgegeben hat und wozu euch *Formículing* (wieder) auskömmlich befähigt und nicht zuletzt eurem Nachlassen im Alter vorbeugen hilft.

Schneller als Stärkere

Immer wird es stärkere als ihr geben. Laßt euch nicht einschüchtern. Ich sage meinen Karate-Schülern, daß sie im Falle der körperlichen Unterlegenheit sozusagen noch einen Trumpf aus dem Ärmel ziehen und ausspielen können: »Seid ihr nicht stärker, müßt ihr schneller sein!«

Schnelligkeit kann man ohne Mehraufwand bei jeder beliebigen Tätigkeit üben. Übt eure Schnelligkeit wo immer es geht, weil ihr dann erstens im Bedarfsfall über einen Vorteil verfügt und weil ihr zweitens sowohl eure Motorik, als auch eure Konzentration verbessert, erst recht, wenn ihr euch um Präzision bemüht.

Umfeld als Stilleben

Es gibt Dinge, die **sind** schön, z. B. eine Rosenblüte. Und es geibt Dinge, die **gelten** als schön. Nehmen wir einmal Gemälde von Picasso. Bei persönlichen Empfindungen verlassen wir naturgemäß die Objektivität. Andererseits unterliegen die bildenden Künste fast axiomatisch zu nennenden Regeln der Gestaltung mit Formen, Farben, Struktur und Licht, die akademisch vermittelt werden. Ich nenne nur einmal den »Goldenen Schnitt« (Siehe Kapitel HARMONIE, S. 30 – 37). Problematisch wird die Beurteilung der Gesamtwirkung eines Ensembles aus uns umgebenden Dingen teils höherer, teils minderer ästhetischer Qualität. Das Stilleben als Genre der Kunstmalerei liefert mit der bildlichen Darstellung von unterschiedlichen Dingen in künstlerischer Anordnung hierzu einen modellhaften Lösungsansatz, der die Herstellung einer

profanen Verbindung zum weiter gefaßten Feng Shui nahe legt. Denn Feng Shui wird als die traditionelle chinesische Kunst und Wissenschaft vom Einfluß der Wohn- und
Lebensumgebung auf den Menschen beschrieben. So gesehen, können wir uns als integrativen Bestandteil eines
großen, selbst entworfenen Stillebens verstehen. Wozu
solltet ihr euer näheres Umfeld, euer Zuhause und wo-
möglich auch euer Büro, nicht allein nach Gesichtspunkten einer zweckmäßigen Ordnung, sondern auch des individuellen Schönheitssinns umgestalten? Mit Feng Shui
erklärt, bringen oft schon kleine Veränderungen die Ener-
gien eurer Umgebung in Fluß und dadurch euch in
Schwung. So weit möchte ich nicht gehen. Zweifellos
kann aber die Harmonisierung eurer Umgebung Stören-
des eliminieren und positive Impulse in euer Leben setzen. Es wird der weltbekannten Modedesignerin Jil San-
der in Bezug auf solche räumliche Sensibilität
nachgesagt, daß sie sogar in fremden Wohnungen gelegentlich ungefragt Gegenstände nach ihrem Schönheits-
empfinden umstelle. Zu einem derartigen Verhalten können einen normalen Menschen Unstimmigkeiten im
kompositorischen Detail eines Ambientes kaum provozieren, jedoch immerhin in seinem Verhalten beeinflussen.

Vorbildlich ist in Fragen der Ästhetik die japanische Tradition zu nennen, die stets das Schöne hinter den Dingen sehen möchte. Selbst die Samurai stellten in ihrem todbringenden Kriegshandwerk diese Verbindung her.

Smartphone-Präsenz

Einem ganz anderen, schwer abzuschätzenden Einfluß setzt sich heute fast jeder im Umgang mit seinem Smartphone aus. Das wird erst recht nach der Einführung und Inbetriebnahme des 5G Mobilfunkstandards mit einer noch intensiveren, hochfrequenten Strahlung der Fall sein. Die Technik ist noch zu jung, als daß dazu Langzeitstudien zur Beurteilung herangezogen werden können. Immerhin warnen fachkompetente Professoren aufgrund verschiedener Indizien, daß ständig präsente Smartphones unser Gehirn in digitalen Dauerstress versetzen und es verändern. Das wird insbesondere im Zusammenhang mit Schlußfolgerungen aus einem allenthalben auffälligen Zwangsverhalten erkennbar, welches dem Diktat des weltweiten Austausches digitaler Nachrichtenströme unterworfen ist. Es scheinen hier Sucht- und Terrormechanismen eine unselige Allianz eingegangen zu sein, die viele Nutznießer und noch viel mehr Opfer hat. Alle Folgen dieses neuen gesellschaftsrelevanten Kommunikations-Phänimens sind vorerst nicht absehbar, die Warnung davor ist gleichwohl ernst zu nehmen.

Wie sensibel der Mensch schon in Bezug auf schwächste physikalische Einflüsse ist, wird am Beispiel der Folgen einer fehlenden Schumann-Resonanzfrequenz im Weltraum deutlich, die in den Anfängen der Raumfahrt ein Unwohlsein der Astronauten verursachte. Es handelt sich um ein Schwingungsmuster, mit dem die Erde bei 7,83 Hertz pulsiert. Mit der künstlichen Erzeugung des Erdschwingung konnte das Problem behoben werden.

Kleine Süchte

Laßt uns dem ungeklärten Sonderfall der Smartphone-Aktivität die kleinen Laster zur Seite stellen, die sich fast jeder als milde Form von Sucht oder Doping erlaubt. Hierbei ist es ausschlaggebend für eure Gesundheit, rechtzeitig zu erkennen, wo die Gefahrenzone des gleitenden Übergangs zur Unmäßigkeit beginnt. Bereits Anfang des 15. Jahrhunderts mahnte Paracelsus: »Alle Dinge sind Gift, und nichts ist ohne Gift; allein die Dosis machts, daß ein Ding kein Gift sei.« Was bedeutet, daß ihr euch die Allerwelts-Gifte, wenn überhaupt, dann nur

sparsam zuführen solltet. Zucker als Beispiel pars pro toto: Wir haben es hier mit einem Dickmacher erster Ordnung zu tun, der leider häufig schon durch Gewöhnung
von Kindesbeinen an in eine suchtartige Abhängigkeit
führt. Das allein reicht schon, mit seinem Verzehr vor-
sichtig umzugehen. Laut Statistik konsumiert jeder Deut-
sche im Schnitt 34 kg Haushaltszucker im Jahr, obwohl
die vielfältigen Schäden, die ein solcher Mengenverzehr
im gesamten Organismus anrichtet, zweifelsfrei nachgewiesen und allgemein bekannt sind. Für Menschen ist
Zucker als Energielieferant jedenfalls ziemlich überflüssig.
Da dient uns die Blattläuse melkende Ameise ausnahmsweise einmal nicht als Vorbild.

Wenn ihr nicht mehr auf Süßes verzichten könnt, hat
euch die Zuckerindustrie zu Junkies gemacht. Wann
habt ihr das letzte Mal keinen Zucker gegessen, wirklich
keinen? Seid ihr sicher? Selbst wenn ihr glaubt, eine Fas-
tenzeit einzuhalten, während der ihr auf Süßes ganz ver-
zichtet, wird eure Disziplin damit sabotiert, daß man euch
in allen möglichen gesund erscheinenden Lebensmitteln
Zucker unterjubelt. Und nicht zu knapp! Man fragt sich,
wo eigentlich kein Zucker drin steckt. Denn letztlich sind
alle Kohlenhydrate, seien sie in Nudeln, Brot, Reis oder

Kartoffeln, verschiedene Formen oder Vorstufen von Zucker.

Na, macht nichts. Nach Paracelsus ist ein bißchen Gift unschädlich. Gifte werden in minimaler Dosierung sogar als Heilmittel eingesetzt. Es ist ja auch überall Salz drin, dessen regelmäßiger Verzehr in größeren Mengen ebenso wie Zucker der Gesundheit schadet. Das Leben genießen ohne Süßigkeit? Keine Praline, keine Torte, kein Kuchen? Da würde den meisten von uns doch etwas fehlen. Trotzdem aufgepaßt! Bedenkt, daß von Natur aus nur sehr selten größere Mengen Süßes zur Verfügung stehen. Überhaupt kann sich das Annehmen anscheinend harmloser Gewohnheiten eines Tages als kleiner Fehler mit großen Spätfolgen entpuppen. So wird ein kurzes Leistungshoch mit Aufputschmitteln wie Traubenzucker, Kaffee, Tee, Alkohol, Zigaretten, deren Konsum über bloßen Genuß hinausgeht, auf Dauer teuer erkauft. Im Prinzip handelt es sich bei der Einnahme von Eiweiß- und Vitaminpräparaten sowie Nahrungsergänzungsmitteln, um ein ähnlich gelagertes Problem. Eine probate Alternative zu alledem kann euer Glaube sein, etwa: »Gott ist Dein Kaffee«. Und die Sache hat auch noch einen moralischen Aspekt. Napoleon Bonaparte wird nachgesagt, daß er im

Spiel ein schlechter Verlierer war und deshalb gerne ein wenig schummelte. Er soll das verharmlosend »corriger la fortune« genannt haben, also dem Glück etwas nachhelfen. Inwieweit eine solche Geisteshaltung auf unser Thema zutrifft, überlasse ich eurer persönlichen Bewertung.

Naturentfremdung

Besorgniserregende Anzeichen des Klimawandels alarmieren aktuell die Öffentlichkeit und geben Anlaß zu einer neuen kritischen Auseinandersetzung mit den teils verheerenden Folgen der Zivilisation auf unsere Umwelt. Der Verhaltensforscher und Nobelpreisträger Konrad Lorenz beleuchtete bereits Ende der 1970er Jahre in seinem Buch »Die acht Todsünden der zivilisierten Menschheit« die Problematik des fahrlässigen Umgangs mit unseren Lebensgrundlagen und schärfte das Bewußtsein dafür. Leider ließ die darauf gerichtete Aufmerksamkeit bald nach und wird erst jetzt durch das Menetekel der signifikanten Weltveränderungen wiederbelebt. Ich bin auf dieses Thema schon im Kapitel ZURÜCK ZUR NATUR (ab S. 23) eingegangen. Hier nur die Wiedergabe eines Kernsatzes daraus: Unsere Art ist im Verhältnis (zu den Ameisen) noch sehr jung und in einem ständigen Wandel zunehmender Naturentfremdung ihrer Lebensform begriffen. Soweit dieser Wandel zerstörerische Folgen für die Umwelt hat, belastet er uns mit degenerativen Rückwirkungen und stellt sogar unseren Fortbestand in Frage. Hier geht es mir aber nicht um das z. Z. modisch opportune Einstimmen in den Chor derjenigen, welche die in der Vergangenheit gemachten Industrialisierungsfehler überzeichnen und es an einem konstruktiven Zukunftsentwurf fehlen lassen. Vielmehr möchte ich euer Interesse für eine differenzierte Betrachtung der Zivilisation im Zusammenhang mit *Formículing* wecken, und zwar unter dem Gesichtspunkt, wie der Mensch die Naturentfremdung verträgt, die er sich täglich mit seinen selbstgeschaffenen Segnungen der Zivilisation zumutet. Fortbewegung in Autos; ebene Fußwege aus Betonplatten; klimatisierte Wohnungen; Kunstlicht; Television/Telekommunikation; Gebrauchsgegenstände aus Kunststoff; ständige Begegnungsnähe zu wildfremden Menschen; genetisch veränderte Lebensmittel, Umstellungen auf Sommer- und Winterzeit – um nur ein paar den Sachverhalt erhellende Gegebenheiten zu nennen. Was passiert mit uns, wenn wir mit 900 km/h in 10.000 m Höhe zu einem Fernziel fliegen? Zeigen alle Passagiere des Großraumjets die gleichen fast unmerklichen Anzeichen der Überforderung des Ur-Menschen, so daß es zwar alle unbewußt spüren, jedoch keiner erkennt? Ich wage hier einmal die Spekulation, daß es sich bei Flugangst-Panik-Attacken um das Ausbrechen der rudimentären Steinzeit-Natur einzelner Passagiere handelt. Die meisten von uns sind keine Vielflieger. Aber wie verhält es sich mit Autofahren? Ich fühle mich durch Konrad Lorenz gerechtfertigt, der im S.147 erwähnten Buch darlegt, in welchem Ausmaß das Verhalten des Menschen durch seine stammesgeschichtliche Entwicklung bestimmt wird, wenn ich vorsichtshalber zu gelegentlichen kurzen Abstechern in einen Steinzeit-Modus rate. Wie das? Etwa indem ihr euch täglich bei eurem Tun für einen Moment in eure Ur-Ahnen versetzt. Denkt daran: Nur das Natürliche ist vollkommen.

Das Maß aller Dinge

Wie stehr es um euer Augenmaß? Berufsbedingt ist es bei vielen Handwerkern von Nutzen. In meinem Fall gehörte das Ausgleichen von Buchstaben-Abständen für ein gleichmäßiges Schriftbild von Headlines »nach Auge«, wie unser Ausbilder sagte, zu den Anfängen meines graphischen Studiums. Das Gefühl dafür scheint weitgehend verloren gegangen zu sein, wenn man sich nur einmal Plakate, die Titel vieler Buch-Neuauflagen oder CD-Cover ansieht. Und den Wenigsten fällt das auf. Entfernungen, Abstände, Größen und Mengen möglichst präzise abschätzen zu können, war für die vorgeschichtlichen Jäger und Sammler noch fast lebensnotwendig, und sicherlich auch für die Entstehung der Megalithkulturen und die darauf aufbauenden Zivilisationen essentiell. Das gute Augenmaß bleibt, unabhängig von der technischen Entwicklung bis zum heutigen Stand, eine parallel zur Anwendung von Meßgeräten eingesetzte Eigenschaft auf Basis natürlicher anthropozentrischer Maße wie Zoll, Handbreit, Spanne, Elle, Fuß, Schritt, mannshoch, die Handvoll, auch das von der Anzahl unserer Finger abgeleitete Zahlensystem u. a. m. Hier wird deutlich, was der mit Adam und Eva biblisch symbolisierte Homo sapiens an Fähigkeiten bzw. Voraussetzungen mitbrachte, um sich die Erde – wiederum biblisch ausgedrückt – untertan zu machen, mit anderen Worten, sich seine Welt zu bauen. Worauf will ich hinaus? Wie die Bienen ihre arttypischen Waben ausformen, gestalten wir im großen Maßstab und auf wesentlich differenziertere Weise eine uns gemäße Umwelt.

Vom antiken griechischen Philosophen Protagoras stammt das geflügelte Wort: »Omnium rerum homo mensura est«. (Der Mensch ist das Maß aller Dinge). Diese grundlegende Aussage wurde in der Frühzeit der Renaissance, der Zeit des Umbruchs vom Mittelalter zur Neuzeit, wieder aufgegriffen. Thomas von Aquins (1225 – 1274) Lehre, die als »summa theologiae«, also als theologische Summe oder Hauptinhalt der Theologie auf dem Homo-Mensure-Satz aufbaut, ist bis heute in der katholischen Kirche verbindlich. Demnach sind alle Dinge nur so, wie sie dem Menschen erscheinen. Ich füge ergänzend hinzu, daß es wünschenswert wäre, wenn wir uns im Bewußtsein der Verantwortung vor dem Dasein in allen Dingen selbst abbilden. Oder im Licht der Präambel des Grundgesetzes der Bundesrepublik Deutschland gesagt, »im Bewußtsein unserer Verantwortung vor Gott und den Menschen ...« unsere Lebenswirklichkeit widerspiegeln.

Hand- und Fingerzeichen

Zu eurer Selbstbesinnung, solltet ihr gelegentlich auf eure Hände achten. In Fernost wird eine uralte Kultur gepflegt, die über Fingerstellungen, Mudras, den Meditierenden symbolsprachlich mit der Götterwelt verbindet. Mit mystischen Handstellungen dargestellte Gesten stellen bestimmte Bewußtseinszustände dar. Umgekehrt kann die Ausführung solcher Gesten auch zu diesen Bewußtseinszuständen mit dem Ziel führen, Göttliches in sich selbst zu realisieren. Man findet dazu reichhaltiges Anschauungsmaterial an Plastiken und Bildern in hinduistischen und buddhistischen Tempeln. Gleiches ist in noch immer gebräuchlichen indischen Tänzen sowie in Hausschreinen tradiert. Diese über Jahrhunderte weiterentwickelte symbolische Gestik wird im Orient universell verstanden. Sind entsprechende Zeichen der frühchristlichen Ikonographie aus sich selbst heraus entstanden oder ein immaterieller Transport über die Handelsweg-Verbindungen mit dem Orient? Eine aus der Mudra-Tradition hervorgegangene Esoterik ist heute weit über ihr indisches Quellgebiet hinaus verbreitet und teilweise sogar in westlichen Yoga-Praktiken vorzufinden.

Der spirituelle Aspekt der Mudra-Praxis interessiert hier nur am Rande. Ihre tiefsinnige kultische Ausdrucksform ist Eingeweihten vorbehalten und nicht für uns zum mißbräuchlichen, vielleicht sogar selbstschädigenden Nachahmen bestimmt. Meine Anregung, auf eure Hände zu

achten, meint lediglich, euch ab und an mit dieser detail-
lierten Art der Selbstkontrolle Momente reiner Bewußtheit zu schenken, die sich letztlich aus dem Wesen der
Mudras herleiten lassen. Ohne daß ihr es merkt, wirken
sie nachhaltig in den Signalen fort, die eure Persönlichkeit aussendet und sind rückwirkend an der Ausformung
eurer Gesamterscheinung beteiligt.

Es steht außer Frage, daß auch **profane** Hand- und Fingerzeichen ein allgemeinverständliches Kommunikations-
mittel sein können. Denn Hände sind die ausdrucks-
stärksten Teile unseres Körpers. Denkt nur an die
priesterliche Segensspende; die Raute der deutschen
Bundeskanzlerin (Angela Merkel); das Okay-Zeichen; das
Sieg bedeutende V-Zeichen; Daumen hoch oder nach unten für Gefallen bzw. Mißfallen; bedeutsame, hinweisen-
de, anordnende oder drohende Fingerzeige; die ordinäre
Mittelfinger-Geste; den Vogel zeigen; der Emotionalität
durch sinnfälliges Gestikulieren Nachdruck verleihen usw.
usf. (Ich mache darauf aufmerksam, daß die hier aufge-
zählten wie auch andere Hand- und Fingerzeichen von
Land zu Land eine unterschiedliche, teils gegensätzliche
Bedeutung haben können).

Muskelkommunikation

Der legendäre japanische Karate-Großmeister (Shihan) Taiji Kase (1929 –2004) lehrte uns, daß Muskeln ein eigenes Gedächtnis haben. Wer hätte gewagt, ihm zu widersprechen?! Ungeachtet der Berechtigung einer kritischen Hinterfragung, kam diese Aussage im japanischen Verständnis von Autorität einer strikten Aufforderung gleich. Der Befangenheit in Gegenwart unseres damaligen »Karate-Papstes« geschuldet, setzten wir folgsam die knappe, mystisch verklausulierte Erklärung so um, daß wir uns beim Üben einer vorgeschriebenen Folge von Karate-Techniken (Kata) den Bewegungsablauf nicht lediglich durch angedeutetes, flüchtiges Nachvollziehen merkten. Und wirklich hängt die Effizienz des Lernvorgangs nach Meister Kase vor allem von der korrekten, karatemäßigen Beanspruchung der Muskulatur in jeder Phase der zu vollziehenden Form ab, d. h. von der Ausführung **aller Karatetechniken mit Kime**, also mit kontrolliertem Einsatz von Maximalkraft, Maximalbeschleunigung und präzisem Abstoppen im Ziel, dem Brennpunkt der Energieentfaltung. Dazu eine kurze Erläuterung: Die hier angedeutete Besonderheit des Karate hat ihren Ursprung in der Kriegskunst der Samurai, wo es um das Überleben

durch einen einzigen entscheidenden Schwertstreich
ging. Die Anforderung an unsere zivilisierte Kampfkunst
ist das bloß symbolische Töten des Gegners durch die ex-
plosive Freisetzung eines entsprechenden Bewegungspo-
tentials, jedoch mit dem ganzen dahinter stehenden Ernst
der realen Anwendbarkeit in einer Notwehrsituation. Das
alles ist sehr fachspezifisch, aber ich kann bestätigen, daß
unser Meister insofern Recht hatte, als später diejenigen
meiner Karate-Schüler besser und schneller lernten, die
ihr Muskelgedächtnis in seinem Sinne nach meinen Un-
terweisungen beanspruchten.

Wir sitzen im Büro, im privaten oder öffentlichen Ver-
kehrsmittel, am Eßtisch, sitzen vor dem Fernseher, im Ki-
no, Theater. Ich haue in die gleiche Kerbe wie Shihan Taiji
Kase, wenn ich nun im rätselhaften Zen-Geist japanischer
Tradition sage, daß sich unsere ständig untätigen Muskeln allmählich überflüssig vorkommen. Ohne ausrei-
chende nonverbale Zuwendung in ihrer eigenen Sprache
vergessen sie erst ihre gute Erziehung und vesagen uns
den Dienst, um schließlich zu verkümmern. Laßt sie stattdessen mit euch zusammen an der Welt teilnehmen, sie
werden es euch danken.

Bedenken wir daraufhin die Konsequenz aus der Tatsa-

che, daß beim Mann ungefähr die Hälfte des Körpers aus Muskelmasse besteht, bei der Frau etwa 10 % weniger. Während wir den Zustand aller unserer Organe und Knochen nur indirekt mental oder über Ernährung beeinflussen können, haben wir die Möglichkeit, darüber hinaus durch physische Maßnahmen ertüchtigend und gestalterisch auf unsere Muskulatur einzuwirken. Und das sollte mittlerweile deutlich geworden sein: Unsere Muskeln sind da keineswegs besonders anspruchsvoll.

Kleinteilige Funktionsdefekte

Die Leistungsfähigkeit des Körpers zu erschöpfen ist eine Sache, die des Geistes eine andere, und beides steht in einer wechselseitigen Abhängigkeit. Hier geht es aber in erster Linie um die Beachtung der verdeckten Mikro-Faktoren mentaler Auswirkung, sozusagen um mögliche Störfaktoren 3. Ordnung, die sich, ähnlich wie Nebenwirkungen von Medikamenten, auf eure Befindlichkeit beziehen und nicht zu unterschätzen sind, also um das gewonnene geringfügige Mehr an Energie, das euch zum kompletten Menschen macht, im Verhältnis zu den Folgen seines kaum spürbaren, oft schon chronischen Aderlasses. Die Kleinteiligkeit der unbewußt herbeigeführten

Funktionsdefekte täuscht darüber hinweg, daß sie insge-
samt mehr sind als die Summe ihrer Teile. In solche Überlegungen sind auch die unmerklichen Wahrnehmungen
unserer selektiv arbeitenden Sinnesorgane einzubezie-
hen, wie beispielsweise die ausgeblendete Geräuschkulis-
se der Stadt. Auf die erforderliche Zeit für eine natürliche
Regeneration nimmt die Geschwindigkeit und die Kom-
plexität des modernen Lebens oft keine Rücksicht. Diesem schleichenden Raubbau, der sich zunächst als diffuse
Unlust bemerkbar macht, muß im Sinne eines vernünfti-
gen Lebensstils begegnet werden. Dazu gehören u. a.
auch Erholungs bzw. Besinnungspausen. Intuitiv gehen
Menschen darum in die Kirche, ins Kloster, suchen die Ei-
samkeit in der Natur, begeben sich auf spirituelle Pfade.
Auch wenn aufgrund fehlenden Mangelbewußseins für
unser Feintuning-Potential eine vollständige Selbstkontrolle überhaupt nicht möglich ist, können wir uns doch
unseren natürlichen Anlagen gemäß weitgehend opti-
mieren. In Bezug auf die Wechselbeziehung von Körper
und Geist meint die nach meiner Interpretation hier zutreffende lateinische Redensart »Mens sana in corpore
sano« das **Anstreben einer persönlichen Stabilisierung in**
der Auseinandersetzung mit den unaufhaltsamen Wech-

selfällen des Lebens. Gemäß dem heutigen Stand der Gehirnforschung dürfen wir behaupten, daß es sich bei *Formículing* jedenfalls um eine Körperpflege handelt, die als Nebeneffekt unsere Neurogenese (die Geschwindigkeit, mit der das Gehirn neue Nervenzellen bildet) begünstigt. Weniger wissenschaftlich ausgedrückt, verbessert *Formículing* als ein naturgesunder Lebensstil auf Basis moderater Körperarbeit unsere Gehirnleistung. Na, ist das etwa nichts?!

WUNSCHDENKEN?

Der Mensch neigt dazu, sein Heil auch im profanen Bereich in einfachen Parolen zu suchen. Nicht zuletzt deswegen stieß vor einigen Jahren die plakative Forderung aus der Politik, daß die Steuererklärung auf einen Bierdeckel passen müsse, ungeachtet der Fraglichkeit einer praktikablen Umsetzung, auf breite Resonanz in allen Gesellschaftsschichten. Es war einmal ein König, der gerne glauben wollte, daß eine Müllerstochter Stroh zu Gold spinnen könne ...

Was eigentlich jeder will, ist ein simples Rezept, um viel zu erreichen, am liebsten eine Zauberformel wie »Abrakadabra«, »Hokuspokus«, »Simsalabim« oder »Sesam öffne dich!«. Wenn es doch so einfach wäre! Weniger geschwind, aber dafür durchaus solide, kann man sein Wunschdenken der Realität annähern. Indem das *Formículing*-Konzept dieses Bedürfnis mit unkomplizierten, nichtsdestoweniger effizienten Übungen auffängt, verhilft es euch ganz konkret zur frohen und unbeschwerten Aneignung bzw. Bewahrung einer eurer Natur gemäßen Körperlichkei bis ins hohe Alter. Freilich müßt ihr dafür mehr tun, als »den Frosch zu küssen« – aber nicht **viel** mehr! Vergeßt »In wenigeni Wochen schlank und rank« oder »In kürzester Zeit vom deformierten zum definierten Body«. Beginnt stattdessen in Ruhe mit *Formículing* und wartet die Langzeitwirkung beständigen Übens ab. Eure Mühe beschränkt sich fast ausschließlich auf Geduld. Ihr wißt ja, daß der organische Vorgang des Wachstums nicht beschleunigt werden kann. Allmählich fühlt ihr, bevor ihr es seht, wie ihr euch zum Vorteil verändert, und bald genug wird es unübersehbar sein.